Anne Gorges

Bin im Garten – Jesus treffen

Bin im Garten Jesus treffen

Geschichten vom Wachsen und Staunen

neukirchener

MIX
Papier aus verantwortungsvollen Quellen
FSC® C014138

Bibliografische Information der Deutschen Nationalbibliothek:
Die Deutsche Nationalbibliothek verzeichnet diese Publikation in der Deutschen Nationalbibliografie; detaillierte bibliografische Daten sind im Internet über http://dnb.d-nb.de abrufbar.

2. Auflage 2025

Andreas-Bräm-Straße 18/20, 47506 Neukirchen-Vluyn,
info@neukirchener-verlage.de

Gesamtgestaltung und DTP: Miriam Gamper-Brühl, www.3kreativ.de, Essen
Fotos: Anne Gorges
Coverfoto: © Shutterstock/Jacob Lund S. 25 © Shutterstock/Steve Midgley, S. 26 © Unsplash/Karo Kujanpaa, S. 30 © Unsplash/Francesco Gallarotti
Lektorat: Anja Lerz, Moers
Verwendete Schriften: Faith and Glory, Adobe Garamond Pro
Gesamtherstellung: Finidr, s.r.o., Český Těšín
Printed in Czech Republic
ISBN 978-3-7615-7014-2

www.neukirchener-verlage.de

Inhalt

Rosenwe

Vorwort

MEINE GARTENGESCHICHTE

Als ich fünf Jahre alt war, habe ich mir von meiner Patentante zum Geburtstag einen Gartenzwerg gewünscht. Er heißt Balthasar, ist inzwischen dreißig Jahre alt, trägt eine rote Zipfelmütze und schaut liebevoll auf den kleinen Hasen hinunter, den er im Arm hält und streichelt. Er hat sämtliche meiner Umzüge und Ausmist-Anfälle überlebt und steht heute in unserem kleinen Schrebergarten.

Das Kuriose an diesem Geschenk war: Wir hatten damals keinen Garten. Zusammen mit meiner Familie wohnte ich im zweiten Stock mitten in der Stadt und das Einzige, was ich bis dahin gepflanzt hatte, waren ein paar Kressesamen. Trotz allem konnte mir niemand diesen Wunsch ausreden, so erzählt es meine Mama. Sie hatte es mehrere Wochen lang versucht. Und so musste Balthasar ein paar Jahre mit staubigen Fensterbänken vorliebnehmen, bevor er seinen ersten Garten beziehen durfte. Selig lächelnd – als ob er schon da etwas von unserem kleinen Gartenabenteuer geahnt hätte …

Ein paar Jahre und staubige Fensterbänke später.

Bis heute weiß ich nicht, wo die Idee herkam. Aber kurz vor dem 30. Geburtstag meines Mannes hatte ich die verrückte Idee, ihn mit einem kleinen Gartengrundstück zu überraschen. Damals wohnten wir (wieder) mitten in der Stadt, in einer kleinen Dachwohnung – ohne Balkon und ohne Klingel.

Nach einigen Gesprächen waren wir dank unschlagbaren Beziehungen (die man unbedingt braucht, wenn man in der Stadt einen Garten haben will!) auf einmal Mitglieder im Schrebergartenverein.

Gestartet sind wir ohne Werkzeug – wir hatten nicht einmal eine Gießkanne – und auch ohne jede Erfahrung. Wie wenig Ahnung ich hatte, merkte ich erst, als ich völlig enttäuscht vor meinem ersten selbst angebauten, kleinen Radieschen stand. Ich hatte irgendwie angenommen, dass die in Büscheln wachsen – so, wie man sie im Supermarkt kaufen kann.

Ich verbrachte Stunden im Internet, um mir wenigstens ein Grundwissen anzulesen, und unzählige Tage zwischen Unkraut und Dreck.

Da waren viel Arbeit, etliche Rückschläge und ein Herz, das jedes Mal überquoll vor Glück, wenn es unseren kleinen Garten sah. Und bis heute bin ich Hals über Kopf verliebt, wenn auch inzwischen in unseren neuen, etwas größeren Garten. Manchmal überfordert, oft mit verkratzten Armen und dreckigen Füßen, aber immer noch mit leuchtenden Augen und pochendem Herzen.

Mein Garten ist mein Rückzugsort. Hier begegne ich dem, der das alles geschaffen hat. Hier komme ich zur Ruhe. Hier wird mein getriebenes Herz still und etwas in mir wird heil. Viele Menschen erzählen davon, dass die Natur sie mit Gott verbindet, dass sie dort seine Größe sehen und erfahren. Bei mir ist das nicht so. Gottes Größe finde ich in anderen Dingen; mich lassen Wortstudien und Textanalysen über ihn staunen.

Aber seit wir seit ein paar Jahren unseren kleinen Garten haben, treffe ich dort immer wieder auf Jesus. Nicht im Staunen oder Ergriffensein, sondern bei der Arbeit. Wenn ich mit dreckigen Händen in unserem Blumenbeet knie, lehrt er mich wichtige Lektionen über das Leben und den Glauben: warten und wachsen lassen, im Rhythmus leben, Unkraut zupfen, bevor es zu groß wird, Unnötiges abschneiden, sterben und auferstehen, loslassen, Misserfolge.

Hier in der Natur wird mein Glaube geerdet. Wortwörtlich. Und das ist harte Arbeit. Denn eigentlich mag ich es gerne ordentlich, zumindest, was den Glauben angeht. Richtig und falsch, Aktion und Reaktion, Segen und Fluch. Und dann kommt Jesus und kippt einen riesigen Haufen Erde über meine fein säuberlich zurechtgelegte Theologie und meint: So funktioniert das leider nicht.

Wenn du magst, dann nehme ich dich mit. In meine Unkrautbeete und meine Hängematte. Erzähle dir Geschichten aus meinem

Garten und Dinge, die ich dort über Jesus und das Leben mit ihm lerne. Und bin mir ziemlich sicher, dass wir ihn dort treffen.

VOM SCHREIBTISCH IN DEN GARTEN

Schwitzend sitze ich im Arbeitszimmer unserer kleinen Dachgeschosswohnung. Es ist Sommer, gefühlte vierzig Grad heiß und seit Stunden surfe ich durchs Internet und wälze verschiedene theologische Begriffslexika. In ein paar Woche werde ich auf eine Sommerfreizeit mit jungen Erwachsenen fahren, um dort die Bibelarbeiten zu halten und etwas über die Gleichnisse Jesu zu erzählen. Und nun hänge ich am Gleichnis vom Sauerteig und frage mich, was in aller Welt Sauerteig ist? Also durchsuche ich das Internet und alles, was ich finde, sind komplizierte Erklärungen zu Milchsäure produzierenden Bakterien und den Teig auflockerndem Kohlendioxid. Natürlich erschließt sich mir der Sinn des Gleichnisses auch so und ich erahne, dass es sich bei Sauerteig um etwas Ähnliches wie Hefe handeln muss. Aber irgendwann ist mein Ehrgeiz geweckt und auch der Wunsch, diesen Bibeltext besser zu verstehen. Also lasse ich nicht locker und stoße schließlich auf eine Anleitung, um Sauerteig selbst herzustellen. Ich mache mich an die Arbeit und eine Woche später stehe ich da – mit einem Glas voller stinkender Pampe, die ich in den Abguss schütte, und der Frage, was schiefgelaufen ist.

Im Rückblick muss ich ziemlich lachen, wenn ich daran denke, denn mittlerweile habe ich schon unzählige Sauerteige angesetzt (und sie nach anfänglicher Motivation im Kühlschrank vergessen). Dank Langzeitgärung und leeren Hefevorräten im Coronajahr kann ich die Bedeutung des Sauerteigs für die Menschen damals besser nachvollziehen. Aber ich glaube, dort am Schreibtisch vor über zehn Jahren in meiner Dachgeschosswohnung habe ich das erste Mal erahnt, wie sehr sich die Lebenswelt Jesu von meiner unterscheidet. Wie die Beispiele, die er in seinen Gleichnissen benutzt, bunt, alltagsnah und voller Leben, für die Menschen damals gewesen sein mussten. Als hätte er sich einmal kurz umgeschaut und dann etwas aufgegriffen, das seine Zuhörer unmittelbar vor Augen hatten und jeden Tag aus ihrem Alltag kannten, und dann angefangen zu erzählen, davon, wie Gott so ist und was er Himmelreich nennt. Und mir wurde auf einmal bewusst, wie wenig das mit meinem Alltag zu tun hat, wie fremd und erklärungsbedürftig die Beispiele für mich heute sind. Auch wenn ich natürlich die Möglichkeit habe, Informationen darüber zu sammeln, verstehe ich sie doch nie so richtig. Weil sie meinen Alltag und mein Leben nicht berühren. Weil Zeit und Kultur eine Barriere geschaffen haben, die mir vieles so fremd vorkommen lässt.

Während ich damals so frustriert vor meinem Laptop saß, erkannte ich, dass es Dinge gibt, die ich nicht mit einem Lexikon in der Hand verstehen kann, sondern Glaube vielmehr auch mit den Händen gelernt werden will. Und weil die Bibel voller Beispiele aus der Natur und der Landwirtschaft ist, hat mir mein Garten dabei geholfen. Hier habe ich die alten Texte ganz neu entdeckt, weil ich sie mit meinen Händen anfassen, sie sehen, schmecken, riechen und fühlen kann: warme Erde und felsigen Boden, frisches und abgestandenes Wasser, kleine runde Samen.

Und noch eine Erkenntnis habe ich gewonnen: Das Ganze ist vielleicht weniger kompliziert, als ich es mir manchmal mache. Im Laufe der Vorbereitung zu der Gleichnisreihe bin ich auch über das Gleichnis vom Senfkorn gestolpert. Das kleinste unter den Samenkörnern, das zu einem großen Senfbaum wächst. Wenn man sich, wie ich anfangs, der Sache sehr theoretisch nähert, ergeben sich mehrere Probleme. Natürlich gibt es kleinere Samenkörner, sogar in meinem Garten. Außerdem ist die Senfpflanze genau genommen gar kein Baum und so furchtbar groß wird sie auch nicht – zumindest nicht die Sorten, die hier bei uns wachsen. Schwups, hat man einen ganz wundervollen Text so zerpflückt, dass er mehr Probleme bereitet als Mut macht.

Und ich stelle mir vor, Jesus wäre lachend auf mich zugekommen, während ich völlig verzweifelt vor diesem Gleichnis saß. Er hätte mir einen Apfel in die Hand gedrückt und gesagt: „Mach's dir doch nicht so schwer!" Und dann hätte er mir das Gleichnis vom

Apfelbaum erzählt. Von einem winzigen Kern, den man in die Erde steckt und aus dem ein großer Baum wird, der knackig rote Früchte trägt. An dem ich meine Hängematte aufhängen kann und in dem im Frühling eine kleine Blaumeisenfamilie nistet. Und auf einmal wäre der Text ganz lebendig geworden. Ich hätte mir ein Stück Apfelkuchen geschnappt und den Text nicht nur sehen, sondern auch riechen und schmecken können. Und er hätte ganz köstlich geduftet und im Hintergrund hätte ich die Meisen zwitschern hören.

Und dann wäre ich durch meinen Alltag gegangen und hätte überall Äpfel gesehen. In der Vesperdose von meinen Kindern, beim Wocheneinkauf und beim Apfelsafttrinken. Und jedes Mal würde ich daran denken, dass es gar nicht so schlimm ist, wenn ich mich manchmal so klein und unbedeutend fühle. Weil Gottes Reich genau so funktioniert: Dinge beginnen winzig klein und brauchen einfach ein bisschen Zeit, um zu wachsen, und dann wird etwas ganz Wundervolles daraus.

Dieses Buch soll genau solche Geschichten erzählen. Geschichten, die nach „Mach's dir doch nicht so schwer!“ klingen. Jesusgeschichten, die er vielleicht in meinem Garten erzählt hätte.

Beim Schreiben ging mir immer wieder das Lied ‚Every Season‘ von Nicole Nordemann durch den Kopf, in dem die Sängerin schildert, wie sie Gott in den verschiedenen Jahreszeiten entdeckt. Dabei habe ich gemerkt, dass auch mein Glaube ganz unterschiedliche Jahreszeiten durchlebt. Und ich glaube, dass das kein Zufall ist, sondern dass die Schöpfung voller Geschichten ist, die von einem wundervollen Schöpfer erzählen.

Oder wie es in einem anderen Lied heißt:

Wer die richtigen Augen hat, der sieht Berge und Hügel tanzen,
alle Bäume verbeugen sich und die Freude wächst wie die Pflanzen.
(...)
Wer die richtigen Ohren hat, hört das Lied, das die Blumen singen,
weil die Sonne sie munter macht, denn Musik ist in allen Dingen.[1]

In diesem Buch erzähle ich ein paar dieser Geschichten, die ich gefunden habe, und hoffe, dass du dabei Lust bekommst,

1 „Alles jubelt, alles singt“ von Hella Heizmann

stehen zu bleiben und deine Augen, deine Ohren und dein Herz zu öffnen und all die Lieder und Geschichten zu hören, die nur darauf warten, von dir entdeckt zu werden!

DAS STÜCKCHEN, DAS KEINER WOLLTE

Vor mir liegt ein kleines, verwildertes Stück Garten. Ein wenig traurig breitet es sich vor mir aus. Hier wurde schon lange nichts mehr gemacht. Das Blumenbeet ist völlig von Efeupflanzen überwuchert. Zwischendrin palmähnliche Sträucher, von denen ich nicht so recht weiß, ob sie Blume oder Unkraut sind. Der Rasen besteht aus mehr Moos als aus Gras. Beete sucht man hier vergebens. Mittendrin verteilt findet man lieblos abgesägte Baum- und Strauchstümpfe. Vor der Hütte steht ein kläglicher Mauerrest, der schon auseinanderfällt. Und zwischendrin jede Menge Beton, Unkraut, Plastikziegel und Müll.

Aber wenn man ganz genau hinschaut, dann sieht man mehr: Bäume, deren Äste noch kahl sind, aber die perfekt um den Garten herum angeordnet wurden. Ein paar versteckte Rosensträucher. Neben einer Vorliebe für Beton muss der Vorpächter auch eine für Pfingstrosen gehabt haben, denn die kämpfen sich an allen Ecken durch die regennasse Erde. Wilde Tulpen zeigen sich vereinzelt in der Erde und in einer Ecke kann man einen Stachelbeerstrauch entdecken.

Und wenn man lange genug dasitzt, dann sieht man all das, was noch werden könnte: Die Ecke neben dem Haus, die sich perfekt für ein paar Hochbeete eignet. Die Wasserstelle, um die man einen kleinen Brunnen bauen könnte. Den betonierten Platz vor der Hütte, der sich perfekt für eine Bank und eine kleine Grillecke eignen würde. Ecken für Himbeersträucher, Hängematten, Sommerfeste und Wasserschlachten. All das haben wir gesehen, als wir uns für dieses kleine verwilderte Gartenstückchen meldeten, das niemand haben wollte. Hätten wir ein bisschen länger gewartet, hätten wir ein „besseres", ordentlicheres Stückchen haben können, mit fertigen Beeten und weniger Unkraut. Viermal mussten wir zur Besichtigung kommen, wahrscheinlich, weil es uns niemand so richtig zutraute, mit dem Chaos fertigzuwerden. Im Nachhinein staune ich selbst darüber. Aber aus irgendeinem Grund hatte es mir dieses wilde Gärtchen angetan.

Manchmal, da fühlt sich mein Leben auch wie ein kleines verwildertes Gartenstückchen an. Überwuchert und zugewachsen, ein wenig chaotisch, viel Zugepflastertes und Steine, Müll und jede Menge Arbeit. Keine vorbereiteten Beete; stattdessen muss erst mal kräftig Unkraut gezupft und Efeu herausgerissen werden. Es braucht eine Menge Zeit, alles ist so unfertig und dauert viel länger, als ich es mir wünschen würde. Und dann muss ich an den denken, der vor diesem Gartenstückchen stand und all das andere gesehen hat: die Apfelbäume und Wildtulpen, Sommerfeste und Grillabende. Das, was schon da ist, und vor allem das, was werden kann. Und vielleicht geht es Jesus ein bisschen so wie mir damals. Vielleicht schütteln alle um ihn herum den Kopf und sagen: „Warte doch auf was Besseres, das ist viel zu viel Arbeit!" Zum Glück

Vielleicht geht es Jesus ganz ähnlich, wenn er mein kleines Leben anschaut. Und dann krempelt er die Ärmel hoch, nimmt die Schaufel in die Hand und ruft mir zu: „Da machen wir was richtig Schönes draus!"

ist er jemand, der richtig viel Lust darauf hat, aus dem Chaos etwas Schönes zu machen.

Wenn ich in unserem kleinen Garten arbeite, Beton ausgrabe und Müll entsorge, Beete anlege und Zwiebeln setze, dann ist das wie eine Erinnerung daran, dass ich auch mein Leben gestalten darf. Ich muss nicht warten, bis Dinge einfach passieren, sondern darf bebauen, bewahren, säen, pflanzen und ernten. Es ist voller Träume und Möglichkeiten und harter Arbeit. Es ist nicht das größte oder schönste Stückchen, aber es ist meins. Und vielleicht geht es Jesus ganz ähnlich, wenn er mein kleines Leben anschaut. Und dann krempelt er die Ärmel hoch, nimmt die Schaufel in die Hand und ruft mir zu: „Da machen wir was richtig Schönes draus!“

Da nahm Gott, der HERR, etwas Staub
von der Erde, formte daraus den Menschen
und blies ihm den Lebensatem
in die Nase. So wurde der Mensch
ein lebendiges Wesen.
Dann legte Gott, der HERR, einen Garten
im Osten an, in der Landschaft Eden,
und brachte den Menschen,
den er geformt hatte, dorthin.
Er gab ihm die Aufgabe, den Garten zu bearbeiten und ihn zu bewahren.

(1. Mose 2,7.8.15)

Frühling

Es ist Frühling und der Garten lädt zum Entdecken ein.

Die ersten grünen Spitzen wagen sich durch die Erde, dazwischen singende Vögel, die im Apfelbaum nisten, Bienen und Käfer, die sich in den Blüten verstecken.

Und im Frühling, da gibt es jede Menge zu tun.

Ich säe winzige Samen aus und brauche all meinen Glauben, um mir vorzustellen, dass daraus tatsächlich ein bunter Gemüsegarten werden wird.

Ich lege Beete an, mulche und hacke, bis ich Blasen an den Händen habe, und schaffe aus dem Chaos ein kleines Paradies.

Ich kämpfe gegen Schnecken, Dornen und Unkraut, das ich wieder und immer wieder aus den Beeten ziehe. Und in die Lücken, da pflanze ich bunte Primeln.

Ich finde Gott im Frühling.

Zwischen Aufbruch und Neubeginn, Arbeit und Staunen.

Wenn die Tage arbeitsreich und voller Wunder sind. Wenn man Dinge wachsen sieht und gleichzeitig noch so viel Geduld braucht.

Dann möchte ich die Ärmel hochkrempeln und die Schaufel in die Hand nehmen. Die Zweifel beiseiteschieben und loslegen. Samen in die Erde legen, gießen und dem glauben, der jedes Jahr aufs Neue meinen Garten wachsen und blühen lässt, dass er auch in mir Neues schaffen will.

FRÜHLINGSERWACHEN

Es ist nur ein winziger Moment. Ein paar Tage im Garten, die man leicht verpasst. Auf den ersten Blick wirkt alles wie tot. Vertrocknete Stauden wippen im Wind. Der Rasen ist matschig, die Beete abgeräumt und mit einer dicken Mulch- und Laubschicht bedeckt. Die Bäume sind blattlos und kahl. Doch wenn man auf die Knie geht, das Laub ein wenig zur Seite schiebt und ganz genau hinschaut, dann sieht man sie: die allerersten grünen Spitzen, die sich durch die Gartenerde schieben. Und obwohl sich nicht viel verändert hat, verändern sie doch alles. Denn sobald ich die ersten grünen Triebe in meinem Garten entdecke, ist für mich offiziell Frühling. Auch wenn ich mir bewusst bin, dass noch viele kalte, nassgraue Tage folgen werden, die mehr nach Winter als nach Frühling aussehen, weiß ich doch, dass hier etwas Neues beginnt. Verborgen und doch schon da. Etwas, das wächst, aber das man doch auf den ersten Blick nicht erkennt. Und in solchen Momenten erinnere ich mich daran, wie Gott einmal zu seinem Volk gesagt hat: „Siehe, ich will ein Neues schaffen, jetzt wächst es auf, erkennt ihr's denn nicht?" (Jesaja 43,19 LUT)

Und tatsächlich ist er gerade dabei, etwas Neues zu schaffen. In dieser Welt, aber auch in mir. Durch Jesus ist Gottes Reich und seine Gegenwart nicht unerreichbar weit weg, sondern erfahr- und erlebbar. Und Jesus verspricht, dass er, wenn wir ihm unseren Glauben und Vertrauen schenken, auch in uns etwas Neues schaffen will: ein neues Herz und einen neuen Geist (Hesekiel 36,26).

Siehst du es denn nicht? Wie oft will ich rufen: Nein, Gott, ich sehe es nicht! Ich sehe eine Welt, in der Kinder hungern und an jeder Ecke Ungerechtigkeit lauert. Ich sehe Katastrophen und Krankheit und Einsamkeit und den Tod, der so unbarmherzig zuschlägt. Aber dein Reich, das sehe ich nicht. Und wenn ich mein Herz anschaue, dann finde ich darin so oft Wut und Härte, Selbstgerechtigkeit und Schuld. Aber dich in mir, das sehe ich nicht.

Doch nur, weil ich es nicht sehe, heißt es nicht, dass es nicht vorhanden ist. Wie der Frühling, der unter der kalten Wintererde bereits Wurzeln bildet und unbemerkt vor sich hinwächst, und der jeden Moment bereit ist, seine grünen Knospen durch die Erde zu schicken, so wächst auch das Neue, das Gott schafft, erst einmal im Verborgenen. Aber immer wieder werden uns diese kleinen kostbaren Momente geschenkt, wo wir das, was schon längst da ist, auch sehen dürfen. Knospen, die die Winterdecke durchbrechen, und Gottes Reich, das in dieser Welt sichtbar wird.

Nur, weil ich es nicht sehe, heißt es nicht, dass es nicht vorhanden ist. Wie der Frühling, der unter der kalten Wintererde bereits Wurzeln bildet und unbemerkt vor sich hinwächst, und der jeden Moment bereit ist, seine grünen Knospen durch die Erde zu schicken, so wächst auch das Neue, das Gott schafft, erst einmal im Verborgenen.

Der Frühling erzählt uns von Aufbrüchen und Neuanfängen, die schon unter der Oberfläche schlummern. Die vielleicht noch vom Alltagsdreck und all dem Staub überdeckt werden, aber doch längst schon vorhanden sind. Der Himmel, der in dieser Welt und sogar in meinem Herzen schon am Aufbrechen ist. Kleine Frühlingsaugenblicke, wo wir die ersten grünen Spitzen entdecken, die wir vorher nur erahnen konnten. Und deshalb mache ich mich jedes Jahr auf die Suche nach den ersten grünen Knospen, nach den kleine Anzeichen, dass der Frühling gekommen ist. Nur ein winziger Moment, ein paar Tage, die man so leicht verpasst.

Und dann, wenn ich sie entdecke – in meinem Garten, aber noch viel mehr in meinem Leben, dann flüstere ich zurück: „Ja, Gott, jetzt sehe ich es!“

Frühblüher

Frühblüher machen nicht nur Lust auf das neue Gartenjahr, sondern sind nach dem langen Winter auch eine wichtige Nahrungsquelle für Insekten. Meine liebsten Frühblüher: Krokusse, Primeln, Narzissen, Traubenhyazinthen, Wiesen-Schlüsselblumen, Weidenkätzchen und Haselnusssträucher.

GLAUBE, SO KLEIN WIE EIN APFELKERN

Ich stehe in meinem Wohnzimmer und nehme mir vor, dieses Mal kein absolutes Chaos anzurichten. Vor mir auf dem Esstisch steht eine riesige Kiste voller Erde, dazwischen Anzuchttöpfchen in allen Formen und Größen und ein großer Stapel mit Samen. Ich fülle die Töpfe mit Erde und verteile die Samen, manche großzügig wie Tomaten oder Salat, manche setze ich einzeln in die Töpfe wie Kürbisse, Zucchini oder Gurken. Dann drücke ich sie kurz in der Erde fest und gieße sie an. Trotz aller guten Vorsätze sieht nach ein paar Minuten nicht nur der Esstisch, sondern unsere gesamte Wohnung aus, als hätte jemand eine Schlammschlacht veranstaltet. Weil die Kinder so gerne mithelfen wollten, liegt jetzt die Hälfte der Erde unter dem Tisch und wird von dort aus in alle Zimmer und Winkel verteilt. Und mittendrin, zwischen Erde und Dreck, diese winzig kleinen Samen, auf die man gut aufpassen muss, damit sie nicht aus Versehen zwischen all dem Chaos verschwinden.

Jedes Jahr im Frühling, wenn ich anfange, im Haus die ersten Pflänzchen vorzuziehen, bin ich gleichzeitig voller Hoffnung und Zweifel, weil ich mir einfach nicht vorstellen kann, dass aus diesem kleinen Samen einmal eine richtige Pflanze wachsen wird. Und doch erlebe ich jedes Jahr aufs Neue genau das. Manchmal krame ich mein Handy hervor, schaue mir Bilder vom letzten Sommer an und staune, wie groß und grün diese Pflanzen eines Tages aussehen werden. Doch heute, da sehe ich nur einen winzig kleinen Kern.

Kann es wirklich sein, dass in diesem kleinen Körnchen alles vorhanden ist, um mit ein bisschen Sonne, Wasser und Erde zu einem großen Busch zu wachsen? Eine Tomate aus ein paar Krümeln? Eine Sonnenblume aus einem winzigen Samen? Ein ganzer Apfelbaum aus einem kleinen Kern? Wie schwer fällt es mir, das zu glauben! Besonders wenn ich nach draußen schaue und im trist-kalten März nichts als kahle Bäume und regennasse Straßen sehe.

Und ganz ähnlich geht es mir mit den Dingen, von denen mein Glaube erzählt. Von Frieden in größter Not, vom Geliebtsein, so wie ich bin. Von Vergebung und Güte, die mich nie verlässt, und

Leben in Fülle, dem es an nichts fehlt. Wenn ich meinen Alltag so anschaue und all meinen Glauben zusammenkratze, dann sieht er selten wie ein strahlendes Sonnenblumenfeld oder ein großer alter Apfelbaum aus. Eher wie ein kleiner, unscheinbarer Krümel. Ein Samenkorn, von dem man nicht glauben kann, dass da etwas Schönes und Lebendiges drinsteckt. Aber wie froh bin ich über Jesu Zusicherung, dass das völlig ausreicht. Dass wir nicht den großen bunten, spektakulären Glauben brauchen, sondern nur das kleine unscheinbare Vertrauen und ein verzweifeltes Nichtloslassen. Glaube, so klein wie ein Samenkorn.

Wenn ich meinen Alltag so anschaue und all meinen Glauben zusammenkratze, dann sieht er selten wie ein strahlendes Sonnenblumenfeld oder ein großer alter Apfelbaum aus.

Dann kommt der Frühling, jedes Jahr aufs Neue, und aus dem kleinen Samenkorn wachsen die ersten grünen Spitzen, die ich völlig euphorisch feiere, weil hier doch tatsächlich etwas wächst! Und mit Sonne, Wasser und ein wenig Geduld werden daraus sogar ein Blumenbeet und ein ganzer Gemüsegarten. Obwohl es Jahr für Jahr passiert, ist es für mich doch nach wie vor ein großes Wunder.

Und dann schaue ich auf meinen kleinen, krümeligen Glauben, der manchmal so unscheinbar und manchmal so hart ist. Aber dann wird es Frühling und ich darf danebenstehen und zuschauen, wie kleine grüne Spitzen sich durch den Dreck kämpfen und Jesus sein Versprechen hält, dass mein kleiner Glaube ausreicht, damit er etwas Schönes daraus wachsen lassen kann.

Samenfest

Achte beim Kauf deiner Pflanzen darauf, dass du samenfestes Saatgut verwendest. Hybride Samen (gekennzeichnet durch „F1" oder „Hybrid") haben zwar oft vorteilhafte Eigenschaften, können aber im Gegensatz zu samenfesten Pflanzen nicht weitervermehrt werden.

NISTENDE VÖGEL

Regungslos liege ich mit meiner erst wenige Wochen alten Tochter auf unserem Gartenstuhl. Wenn ich ganz leise bin, höre ich es neben mir aufgeregt zwitschern, direkt aus meinem Lieblingsapfelbaum mit den roten Früchten. Nach ein paar Minuten entdecke ich auf einmal eine Meisenmama, die etwas im Schnabel hält und zu dem kleinen Loch im Stamm fliegt. Plötzlich wird mir klar: In unserem Apfelbaum nisten Blaumeisen!

Und während ich noch eine Weile so dasitze, wird mein Herz ganz weit. Denn vor ein paar Jahren bin ich über einen bekannten Psalm gestolpert, der seitdem eine ganz besondere Bedeutung für mich hat. Darin heißt es:

HERR, du allmächtiger Gott, wie sehr liebe ich den Ort, wo du wohnst! Ich kann es kaum noch erwarten, ja, ich sehne mich danach, in die Vorhöfe deines Tempels zu kommen! Mit Leib und Seele juble ich dir zu, du lebendiger Gott!

Sogar die Vögel haben hier ein Nest gebaut, die Schwalben sind hier zu Hause – in der Nähe deiner Altäre ziehen sie ihre Jungen groß.

(Psalm 84,2-4a)

Was mich dabei so anrührt, ist die Vorstellung, dass am Tempel an diesem heiligen Ort selbst die Vögel einen Platz finden, wo sie ihr Nest bauen und in der Nähe Gottes wohnen dürfen. Das erste Mal habe ich diesen Psalm gelesen, als ich kurz nach unserem Umzug in unserem Wohnzimmer saß und bei der Kaffeepause inmitten lauter Kisten und Kartons piepende Meisen beobachten konnte, die in unserem Rollladenkasten ihr Nest bauten. Während des Lesens war das für mich wie eine Zusage: Die Vögel nisten im Tempel Gottes – und wenn sie auch hier vor unserem Fenster ihr Nest bauen, dann ist unser Zuhause vielleicht auch der Ort, wo Gott wohnt.

Denn: *Gott, der die Welt gemacht hat und alles, was darinnen ist, er, der Herr des Himmels und der Erde, wohnt nicht in Tempeln, die mit Händen gemacht* sind. (Apostelgeschichte 17,24 LUT)

Und so sitze ich jetzt in meinem Gartenstuhl und höre die Vögel in unserem Apfelbaum piepen und mir wird bewusst: Nicht nur in

unserem Wohnzimmer, auch in unserem Garten ist Gott zu Hause. Nicht die großen Kathedralen, nicht die heiligen Räume, sondern meine chaotische Wohnung und mein wilder grüner Garten sind die Orte, wo Gott wohnt. Weil Gott nicht in Bauwerken, sondern in den Herzen seiner Kinder zu Hause ist. Und vielleicht geht deshalb mein Herz jedes Mal so auf, wenn ich Vögel nisten sehe, weil ich dann daran denken muss, dass Gottes Wohnung nicht weit ist.

Wie gerne möchte ich wie diese Vögel sein, die Gottes Nähe suchen und ihr Nest ganz nahe in seiner Gegenwart bauen. Die Zweige, Blätter und Äste anschleppen und sich in Gottes Wohnzimmer einrichten, um ihre Jungen in seiner Gegenwart großzuziehen. Und während ich auf dem Gartenstuhl in der Frühlingssonne sitze und die Meisen neben mir zwitschern, staune ich, wie unglaublich das ist, dass nicht nur die Vögel in Gottes Haus ihr Nest bauen dürfen, sondern auch ich ihm ganz nahe sein darf.

Nicht die großen Kathedralen, nicht die heiligen Räume, sondern meine chaotische Wohnung und mein wilder grüner Garten sind die Orte, wo Gott wohnt.

Vogel-Nisthilfen für den Garten

Immergrüne Gehölze, aber auch Totholz (abgestorbene Baumstumpen und alte Bäume) bieten gute Brutmöglichkeiten. Hecken sorgen mit ihren Früchten zusätzlich für Nahrung und ihre Dornen für Schutz vor Fressfeinden. Zusätzlich kann eine Totholzhecke – auch Benjeshecke genannt – angelegt werden. Nistkästen sind eine gute Ergänzung zu natürlichen Nistgelegenheiten, hier gibt es sogar unterschiedliche Modelle, je nach Vorliebe der verschiedenen Vogelarten.

GARTENHÄNDE

Erde klebt unter meinen Nägeln, meine Hände sind voller Dreck, Himbeerdornen und rauen Stellen, meine Finger voller Schrammen und der Nagellack ist schon längst abgeblättert. Und wenn mein Blick auf seidenweiche, Kaffeetassen haltende, super manikürte Finger auf den Bildern in meinem Handy fällt, da hätte ich manchmal gerne schönere Hände, weich wie ein Babypopo und makellos.

Doch dann hebe ich meinen Blick und sehe die Dinge, die diese Hände die letzten Stunden geschaffen haben. Wie sie das Himbeerbeet von Unkraut befreit und Steine geschleppt haben. Wie sie Rosen geschnitten und Kräuter gepflanzt, den Weg gehackt und die Beete gemulcht haben. Meine Hände haben einen vernachlässigten Garten in ein kleines Paradies verwandelt. Hunderte von Stunden haben sie gebaut und gestaltet, gehackt und gebuddelt, Mauern abgerissen und Beete angelegt und Unkraut gejätet. Sie waren voller matschiger Erde beim Knoblauchsetzen im Herbstregen und durchgefroren beim Obstbaumschneiden im Winter. Sie waren voller bunter Farbkleckse, denn sie haben Pinsel mit Farbe geschwungen. Sie haben gesät und geerntet, Lagerfeuer angezündet und Stockbrotstecken gehalten. Sie haben Schaukeln aufgehängt und Hängematten, haben getröstet und in den Schlaf gewiegt und Kaffee gekocht. Sie haben Planschbecken gefüllt und einmal sogar ein Zelt aufgebaut. Meine Hände, sie haben wundervolle Dinge erschaffen.

Mittlerweile liebe ich meine Hände. Die mit dem abgeblätterten Nagellack und der kleinen Narbe am Finger. Weil es Hände sind, die in der Lage sind, Schönheit zu erschaffen. Und vielleicht ist es sogar noch ein wenig wichtiger, Schönheit zu erschaffen, als selbst schön zu sein. Meine Hände können Sonnenblumen pflanzen, Pflaster aufkleben und Apfelkuchen backen. Und es interessiert wahrscheinlich niemanden, wie sie dabei aussehen.

Vielleicht ist es sogar noch ein wenig wichtiger, Schönheit zu erschaffen, als selbst schön zu sein.

Ich wünschte, ich wäre in der Lage, mich ein bisschen weniger darum zu sorgen, wie ich selbst aussehe, und mich mehr darauf zu konzentrieren, Schönheit in diese Welt zu schicken, sie wie Konfetti um mich zu werfen. Und ich denke an Menschen vor mir, die es geschafft haben, mit ihren Händen Dinge zu schaffen, die Menschen bis heute anrühren. Die Malerin Frida Kahlo, die sich selbst und ihre Welt in bunte Symbole und Farben getaucht hat. Die Kinderbuchautorin Astrid Lindgren, die Geschichten schreiben konnte wie keine nach ihr; von starken Mädchen und Abenteuern vor der Haustüre in Lönneberga und Bullerbü. Mutter Teresa, die geliebt hat, als gäbe es kein Morgen, und denen gedient, die keiner wollte.

Ich denke an Hände voller Farbkleckse und rauer Stellen. Hände, die malen und schreiben, die trösten und lieben. Die Menschen halten und versorgen. Die Kathedralen bauen und Nudelsuppe kochen. Die sich zum Beten falten und sich für die Not des anderen öffnen. Und die Butterbrote schmieren, die andere satt machen. Solche Hände möchte ich haben. Müde, verschrammte Gartenhände.

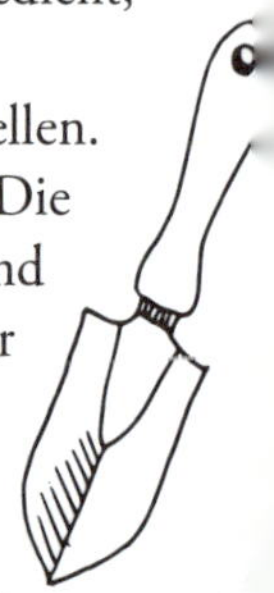

Samenbomben

Mach die Welt ein bisschen bunter und verschenke Samenbomben!

Mische dazu in einer Schüssel Blumenerde und tonhaltige Erde (alternativ Tonpulver oder Heilerde aus der Drogerie) im Verhältnis 2:1, sowie ein paar Samen (z.B. eine Wildblumenmischung). Gib dann so viel Wasser dazu, bis die Erde eine gut knetbare Konsistenz hat, und forme daraus kleine Kugeln. Lass die Samenbomben trocknen, z.B. in einem leeren Eierkarton (bitte nicht auf der Heizung!).

Baut euch Häuser und
wohnt darin!
Legt Gärten an und erntet
ihre Früchte!

(Jeremia 29,5)

WACHSEN

Verschwitzt und müde schnappe ich mir eine Wasserflasche und beschließe, ein paar Minuten Pause zu machen. Ich setze mich ins Gras und lasse meinen Blick schweifen. Von den Unkrautbeeten, an denen ich gerade arbeite, wandert mein Blick zum großen Apfelbaum in der Mitte unseres Gartens. Momentan ist er voller weißer, zarter Blüten. Ein kurzer Windstoß fährt zwischen die Äste und es regnet weiße Blütenblätter vom Himmel. Apfelbaumkonfetti.

Während ich so dasitze, fange ich an zu staunen über diesen großen Baum, der vor mir steht. Und dass er einmal nicht mehr war als ein winzig kleiner Kern, der mit der Zeit gewachsen ist.

Ich glaube, das ist eines der Geheimnisse, die Gott in seine Schöpfung hineingepflanzt hat: Ein winziger Samen enthält schon alles, was einen großen früchtetragenden Apfelbaum ausmacht. Nur ein wenig Regen, Sonne, Erde und Zeit sind nötig, damit das, was schon da ist, auch Form annimmt.

Und vielleicht ist ganz Ähnliches passiert, als ich begonnen habe, an Jesus zu glauben. Am Anfang war da der Entschluss, all mein Vertrauen in ihn zu setzen. Ein winziger, apfelkerngroßer Satz, und doch steckt bereits alles in ihm, was ich bis heute glaube. Dennoch hat mein Glaube sich mit der Zeit verändert. Er hat Gestalt angenommen und ist in mein Leben hineingewachsen.

Ein Same fängt unter guten Bedingungen nach ein paar Tagen an zu keimen. Zuallererst wächst er in die Tiefe, bildet kleine Wurzeln, die Wasser und Nährstoffe aufnehmen. Anfangs ist er noch darauf angewiesen, dass da jemand ist, der ihn gießt und umsorgt, doch je tiefer und weiter die Wurzeln wachsen, desto besser kann der Baum selbst auf Wasservorkommen zugreifen. Die Wurzeln versorgen den Baum aber nicht nur, sie verankern ihn auch in der Erde, sodass selbst die heftigsten Stürme ihn nicht fortreißen können. Wie gerne möchte auch ich in die Tiefe wachsen! Ganz fest in Gott und seiner Liebe verwurzelt sein. Und wie sehr wünsche ich mir einen Glauben, der den Stürmen des Lebens trotzen kann und der nicht von jedem Lüftchen umgehauen wird.

Als Nächstes wächst der Same in die Höhe. Schon während er die ersten Wurzeln bildet, schiebt er seinen grünen Spross durch die Erde Richtung Sonnenlicht. Und nach ein paar Tagen zeigen sich die ersten kleinen Blätter. Jakobus schreibt einmal, dass der Glaube ohne Werke tot sei. Das bedeutet, unser Glaube wird früher oder später unsere Gedanken, Worte und Handlungen verändern und auch für andere sichtbar werden (Jakobus 2,17). Eine Zeit lang habe ich mich immer wieder ängstlich gefragt, ob ich denn genug tue, um zu beweisen, dass ich einen lebendigen Glauben habe. Aber vielleicht gilt es auch umgekehrt: Ein lebendiger Glaube kann gar nicht ohne sichtbare Auswirkungen bleiben! Und nicht nur das: All die Blätter, die dort am Baum hängen, sind mehr als nur hübsche Dekoration. Auch sie versorgen den Baum, verwandeln Sonnenlicht in Energie. Manchmal vergesse ich, dass mein Tun nicht nur Ausdruck meines Glaubens ist, sondern sich auch mein Glaube im Tun verändert. Mein Vertrauen zu Jesus kann nicht in theoretischen Überlegungen wachsen, manchmal sind konkrete Handlungen dafür nötig.

Irgendwie mag ich den Gedanken, dass der Glaube nicht jetzt schon fertig sein muss, sondern Stück für Stück wachsen darf, in die Tiefe und in die Höhe. Wurzeln und Blätter. Beides bedingt einander, beides brauchen wir, damit ein großer gesunder Baum mit vielen Früchten daraus werden kann. Und all das steckt in diesem winzig kleinen Apfelkern schon drin. Alles, was es braucht, ist ein wenig Regen, Sonne, Erde und Zeit. Das große Geheimnis von „schon da“ und „noch im Werden“. Ein Glaube, der schon alles hat und immer noch wachsen darf.

Wie gerne möchte auch ich in die Tiefe wachsen! Ganz fest in Gott und seiner Liebe verwurzelt sein. Und wie sehr wünsche ich mir einen Glauben, der den Stürmen des Lebens trotzen kann und der nicht von jedem Lüftchen umgehauen wird.

Anzuchterde

Wenn du deine Samen vorziehen möchtest, dann achte darauf, dass du spezielle (torffreie) Anzuchterde benutzt. Diese ist nährstoffärmer als herkömmliche Blumenerde und zwingt die kleinen Pflanzen, tiefe Wurzeln zu bilden, was deine Pflanzen gesund und stark werden lässt.

Anzuchterde kann man kaufen oder ganz einfach selbst mischen. Dazu verwendest du zu jeweils zu einem Teil Gartenerde, Sand und Kompost und gibst sie dann 30 min bei 200 Grad in den Backofen, um ggf. vorhandene Keime und Pilze abzutöten.

SCHNECKEN, HAGEL, DORNEN

Entsetzt starre ich auf die kleinen, abgenagten Stängel. Der letzte kümmerliche Rest, der von meinen zehn (!) Zucchini-Setzlingen übrig geblieben ist. Alle anderen haben sich die Schnecken geholt. Zehn Pflanzen einfach über Nacht weggefressen, unbarmherzig und ohne Gnade. Wenn man jede einzelne davon vom Samen an gezogen, gegossen und umsorgt hat, ist das ein herber Schlag. Eine hätte ich verkraftet, an guten Tagen vielleicht sogar die Hälfte (im Garten rechnet man immer Verluste mit ein), aber doch nicht alle auf einmal! Als ich weiter meine Runde durch den Garten drehe, hebt das meine Stimmung nicht unbedingt. Die Kirschen haben dunkle, hässliche Flecken, die Sonnenblumen wollten erst gar nicht aufgehen (ich hatte zwei Tüten gesät!) und wirklich überall sind die Beete von Unkraut überwuchert, obwohl ich erst vor zwei Wochen gejätet habe.

Es gibt Tage, da ist mir nur noch zum Heulen zumute. Da komme ich frustriert aus dem Garten und habe das Gefühl, ich kämpfe gegen Windmühlen – so viel Arbeit und so viele Fehlschläge und am Ende kommt doch nichts dabei heraus! Es sind nicht nur die Schnecken, die einem im Garten das Leben schwer machen. Auch die Braunfäule, die die Tomaten befällt und bei der nicht die Frage ist, ob unsere Pflanzen sie bekommen, sondern nur, wann. Gurken, die mit Mehltau überzogen sind, Läuse an den Rosen und Engerlinge, die eigentlich alles fressen, was unter der Erde ist. Blumen und Sträucher, die einfach nicht anwachsen wollen und mitten im Beet verdorren. Dann gibt es noch Dürre und Hagel und all die anderen unzähligen Insekten und Pflanzenkrankheiten. Und wer einmal angefangen hat, sich zu informieren, was alles schieflaufen könnte, der staunt, dass im Garten überhaupt noch irgendetwas wächst.

So hatte ich mir das nicht vorgestellt.

Eher wie in den hübschen Gartenvideos, wo die Gärtner und Gärtnerinnen zwei Setzlinge pflanzen und im Sommer in Zucchini ertrinken oder ein paar Samen aussäen und ein paar Wochen später in einem riesigen Blütenmeer stehen. Ich weiß nicht genau, woher diese Vorstellung kommt, aber ich merke, dass sie ganz tief in mir drinsitzt: die Vorstellung, dass im Leben alles glatt und reibungslos verlaufen muss. Und wenn ich die ersten Dornen oder Schnecken entdecke, bekomme ich Panik, weil das alles doch ganz anders geplant war. Dann suche ich nach Gründen oder Fehler, die ich gemacht habe, weil das so doch nicht sein darf. Ich habe diese Sehnsucht nach einem Leben ohne Rückschläge, Enttäuschungen und Misserfolg. Ohne Braunfäule, Läuse und Hagelstürme. Ein Leben, das nicht so schwer ist.

Jetzt könnte man lachen und sagen: So ist das Leben aber leider nicht. Aber es war einmal so. Ganz am Anfang im ersten Garten, dort in Eden, da gab es dieses Leben. Arbeit ohne Disteln und Dornen. Was sich in mir oft so schwer anfühlt, ist die kleine Erinnerung daran, wie es ursprünglich gedacht war. Die Erinnerung an den Garten Eden.

So schön diese Sehnsucht ist, hier auf dieser Erde ist uns das bedauerlicherweise nicht vergönnt. Deshalb müssen wir einen Weg finden, mit Dornen und Misserfolgen umzugehen, ohne immer nach Fehlern oder Gründen zu suchen, die es manchmal nicht gibt, weil Schnecken und Rückschläge einfach Teil unseres Lebens sind. Und natürlich könnte ich tonnenweise Pestizide auf unsere Pflanzen kippen, nur noch extrem hochgezüchtete Sorten anbauen oder alles Gemüse im Supermarkt kaufen, doch das würde auch alles andere Lebendige in unserem Garten langsam, aber sicher abtöten.

Misserfolge und Rückschläge gehören dazu. Wer nie Scheitern erlebt, der hat sich wahrscheinlich noch nie in dieses Leben hinausgewagt. Und vielleicht ist es ein erster Schritt, sich einzugestehen, dass Disteln und Dornen einfach Teil dieser Realität sind. Dass sie dazugehören, auch zu einem Leben mit Jesus. Dass er

Was sich in mir oft so schwer anfühlt, ist die kleine Erinnerung daran, wie es ursprünglich gedacht war. Die Erinnerung an den Garten Eden.

uns nie versprochen hat, alles würde glattlaufen, wenn wir ihm nur nachfolgten, und wir würden nur von einem Segensmoment in den nächsten stolpern. Ganz im Gegenteil! Die Bibel spricht von Krankheit, Hunger und Verfolgung, von Sorgen, Kämpfen und schlaflosen Nächten. Aber eben auch von Frieden im Sturm, einen reich gedeckten Tisch im Angesicht der Feinde und einem Gott, der mir selbst im Todestal nicht von der Seite weicht.

Wenn wir das wissen, werfen uns Rückschläge nicht völlig aus der Bahn, sondern ermöglichen es uns, zu lernen, mit ihnen umzugehen und hinterher wieder aufzustehen. Dabei geht es nicht darum, Misserfolge und Krisen zu vermeiden, sondern zu lernen, wie man mit ihnen klarkommt.

Manchmal sind diese Rückschläge nur Kleinigkeiten, wie ein paar Schnecken oder Kohlfliegen. Manchmal ist es aber auch ein ganzer Hagelsturm, der durch das Leben wütet und von einem Moment auf den anderen nichts als Trümmer und Chaos hinterlässt. Leider haben wir in unserem Garten nicht die Wahl zwischen Schnecken, Dornen und Hagel (keins davon!), aber wie wir damit umgehen wollen, das ist etwas, dem wir nicht einfach ausgeliefert sind.

Im Garten habe ich mittlerweile ein paar Strategien entwickelt, wie ich mit den Schnecken und Dornen umgehen kann. Für die Tomaten bauen wir ein kleines Tomatendach, damit die Braunfäule erst am Ende des Sommers auftritt. Wurmstichige Äpfel schneide

Tipps gegen Schnecken

Schnecken gibt es wie Sand am Meer. Kaffeesatz, Kupferbänder, Eierschalen, Bierfallen und Co. haben bei uns im Garten wenig geholfen. Am effektivsten ist nach wie vor das Absammeln der Schnecken. Hilfreich ist es dazu, alte Holzbretter auszulegen, unter denen sich die (Nackt-)Schnecken sammeln.

Und: Nicht jede Schneckenart richtet im Garten Schaden an. Weinbergschnecken und Tigerschnecken sollen statt frischer Setzlinge vor allem verrottete Pflanzenreste und sogar Nacktschneckeneier fressen und dürfen (in unserem Garten) bleiben.

ich aus und mache daraus Apfelmus. Mit manchem, wie den Läusen an den Rosen, habe ich gelernt zu leben. Und Disteln sind eigentlich ganz hübsch, wenn man sie blühen lässt.

Irgendwie hoffe ich, dass, wenn ich im Garten lerne, mit Rückschlägen umzugehen, es auch ein wenig in mein Leben herüberschwappt. Dass ich dann nicht jedes Mal verzweifle, wenn die Schnecken meine Pläne bis auf den Stumpf abfressen.

Manche (Garten-)Fehler kann man vermeiden, man kann aus ihnen lernen und es das nächste Mal besser machen. Vieles liegt aber auch einfach nicht in unserer Hand. Wie gerne möchte ich jemand sein, der sich von Misserfolg, Rückschlägen und Enttäuschungen nicht unterkriegen lässt. Der weiter sät und pflanzt und in manchen Jahren vielleicht sogar ein paar Zucchini erntet.

MEINE TOMATEN HABEN NAMEN

Meine Tomaten haben Namen. Sie heißen Ronja, Iris, Frank und Erich. Ursprünglich hatten sie ganz professionelle Namen wie „Green Zebra". „Rote Murmel" oder „Black Plum", doch sobald sie in meinem Wohnzimmer landen, werden sie umbenannt.

Es ist nämlich so: Jedes Jahr nehme ich mir vor, mich auf ein oder maximal zwei Tomatensorten zu beschränken. Eine altbewährte und eine neue, die ich bei meinem Lieblingstomatenhändler bestelle.[2] Doch dann kommt der Frühling und irgendwer hat noch ein paar Pflänzchen übrig und ich kann einfach nicht nein sagen. Natürlich vergesse ich, nach der Sorte zu fragen oder sie zu beschriften, und beschließe kurzerhand, sie nach dem lieben Menschen zu benennen, der mir die Pflanzen geschenkt hat.

Wie unser Gartennachbar, der nur ein paar Tage nach dem Einzug in unseren neuen Garten mit ein paar Tomatenpflanzen vor unserer Tür stand, die er selbst vorgezogen hatte. Seitdem wohnt „Frank" in unserem Garten. Er hat dunkle, fast schwarze Früchte und sieht besonders hübsch im Tomatensalat mit anderen roten und gelben Tomaten aus.

Kurz danach kam „Ronja", die mir auf einem Spielplatz von einer Kindergartenbekanntschaft in die Hand gedrückt wurde. Sie war eine Überraschungstomate, weil ich anscheinend nicht die Einzige bin, die vergisst, die Töpfchen zu beschriften.

Später entpuppte sich „Ronja" als eine Tomate mit gelben, süß schmeckenden, birnenförmigen Früchten, aus denen ich jedes Jahr die Samen hole, die so robust sind wie Unkraut. Auch wenn alle anderen Samen sich weigern, aufzugehen, auf „Ronja" ist Verlass.

Und irgendwann hat sich meine kleine Tomatensammelleidenschaft verselbstständigt. Manchmal nehme ich mir vor, das Ganze ein wenig professioneller anzugehen. Besser zu planen und richtig zu beschriften. Aber wenn ich ehrlich bin, liebe ich mein kleines Sammelsurium. Ich finde es schön, dass da Tomaten in meinen Beeten stehen, die eine Geschichte mitbringen, die mich

2 Bei www.samenfest.de gibt es nicht nur samenfeste, sondern auch alte und außergewöhnliche Sorten.

an Menschen erinnern und an die Begegnungen mit ihnen.

> Ich finde es schön, dass da Tomaten in meinen Beeten stehen, die eine Geschichte mitbringen, die mich an Menschen erinnern und an die Begegnungen mit ihnen.

Und dass mein Garten ein Ort ist, der Geschichten erzählt – nicht nur im Tomatenbeet. Da ist der kleine gelbe Sonnenhut, den die Mama einer Freundin in ihrem Garten für mich ausgegraben hat und auf deren Hof wir eine Woche lang Urlaub machen durften. Brombeeren, Ringelblumen und wilde Malven, die ich von meinem ersten Garten mitten in der Stadt mitgebracht habe. Ein Hortensienbusch, den ich mir von meinen Freundinnen habe schenken lassen und der ein wenig traurig vor sich hinvegetiert, den herauszureißen ich aber nicht übers Herz bringe. Und daneben eine selbst gebaute Bar, die immer noch auf ihren Einsatz wartet, von meinem Mann während der Coronazeit gezimmert und voller Verheißung auf Gartenabende mit Freunden.

Das ist auch der Grund, warum ich jedes Jahr doppelt so viele Tomaten vorziehe, wie ich selbst brauche. Weil ich den Gedanken mag, dass mein Name und meine Geschichten in den Gärten von anderen Menschen landen. Dass ich etwas weiterverschenke, das in einem Tomatensalat oder einer Pizzasoße landen wird und bei einem Grillabend jemand einen kleinen Augenblick lang glücklich und satt macht.

Wie schön ist das, wenn unsere Gärten und Leben kleine lebendige Sammelsurien sind von Menschen, die uns begegnet sind und uns mit Gesprächen und Gegebenheiten beschenkt haben, die nicht spurlos an uns vorübergegangen sind, sondern die uns mit einer Geschichte und ein paar Tomatenpflänzchen zurückgelassen haben.

Deshalb haben meine Tomaten Namen: weil meine Beete voll sind von Geschichten von einem beschenkten Leben.

Tipps für eine Tomatenernte

Tomaten brauchen eine Stützhilfe, damit sie unter der Last ihrer Früchte nicht zusammenbrechen.

Knoblauch, Basilikum und Tagetes sind die perfekten Beetpartner für Tomaten und können Schädlinge fernhalten.

Tomaten müssen ausgegeizt werden, um eine reiche Ernte zu bringen. Dazu bricht man die zwischen dem Hauptstamm und den Blattachseln wachsenden Seitentriebe ab.

Tomaten immer von unten gießen und am besten unter ein kleines Dach stellen – so verhindert man, dass die Früchte Braunfäule bekommen.

WEIZENKORN

Sterben ist nötig, um zu leben. Besonders im Frühling. Dann, wenn wir die kleinen Samen aus ihren Samenpackungen holen, sie in den kalten Frühlingsboden werfen und mit Erde bedecken. Dort, in ihrem erdigen Grab, sterben sie einen dunklen Tod. Und gleichzeitig erwachen sie dort zum Leben.

Was auf den ersten Blick aussieht wie das Ende, ist in Wahrheit der Anfang: Sobald ein Samenkorn auf feuchte Erde trifft, dringt das Wasser in die Hülle, um sie aufzuweichen. Die Samenhülle zerbricht und die Zellen, die bis dahin reglos im Samen geschlummert haben, werden aktiv und beginnen sich zu teilen. Zuerst bildet sich eine kleine Wurzel, die sich in die dunkle Erde schiebt und den kleinen Samen versorgt. Währenddessen bildet sich ein Spross, der nach oben wächst, um ans Tageslicht zu gelangen. Nach nur wenigen Tagen schieben sich die ersten grünen Spitzen durch die dunkle Erde.

Sterben, um zu leben. Ich glaube, das ist eine der herausforderndsten Dinge, über die Jesus gesprochen hat. Weil Sterben nicht schön ist und alles in uns nach Leben schreit. Deshalb bin ich so oft wie das kleine Körnchen, das sich an den Rand des Samentütchens klammert, um nicht in die Erde zu müssen. Ich will nicht sterben, ich will leben! Das pralle, volle Leben. Und deshalb klammere ich mich an all die Dinge, die Leben versprechen. Ich versuche etwas Großes zu tun, einen Beitrag zu leisten und etwas Bleibendes zu hinterlassen. Doch weiß ich, dass ich mit der Zeit vergessen werde. Ich versuche, alle Vergnügungen in dieses eine Leben zu quetschen und sie zu genießen. Und dennoch, egal, wie viel ich tue oder erlebe, es ist einfach nie genug. Ich sichere mich ab für alle Eventualitäten und dennoch kann mir niemand Sicherheit versprechen.

Ich habe nur dieses eine Leben, nur begrenzte Zeit und deshalb will ich dieses Leben festhalten, um jeden Preis! Aber jeden Frühling erzählt mir mein Garten davon, dass ich so kein Leben finden werde.

Ich habe nur dieses eine Leben, nur begrenzte Zeit und deshalb will ich dieses Leben festhalten, um jeden Preis! Aber jeden Frühling erzählt mir mein Garten davon, dass ich so kein Leben finden werde. Jesus sagt mal:

Ich sage euch: Wenn das Weizenkorn nicht in die Erde fällt und stirbt, bleibt es ein einzelnes Korn. Wenn es aber stirbt, bringt es viel Frucht. Wem sein eigenes Leben über alles geht, der verliert es. Wer aber in dieser Welt sein Leben loslässt, der wird es für das ewige Leben in Sicherheit bringen. (Johannes 12,24f. NGÜ)

Samen sind nicht dafür gemacht, in einem Tütchen zu verstauben. Auch dort im Tütchen werden sie vertrocknen, jedoch ohne wirklich gelebt zu haben. Aber ein Samen, der in die Erde fällt, wird nicht nur leben, er wird aufblühen und Frucht bringen und dabei hundertfach neues Leben ermöglichen.

Ein paar Tage später sitze ich im Gottesdienst. Es ist laut, wuselig und ein bisschen chaotisch – wie das bei uns halt so ist. Fast am Ende angelangt, hören wir die Worte, die die Christen seit zweitausend Jahren miteinander verbinden: „In der Nacht, als er verraten ward …" Und während wir das Brot brechen und einander den Saft reichen, da schmecke ich das säuerliche Aroma von gebackenem Brot. Brot aus gemahlenen Weizenkörnern. Korn aus einem Samen, der bereit war zu sterben, um Frucht zu bringen. Hier am Abendmahltisch, da fügt sich alles zusammen. Tod und Auferstehung. Sterben und Leben. Nicht nur in dem Brot in meiner Hand, auch in mir. Dort beim Abendmahl bekenne ich: Ich schaff' es nicht alleine. All meine Versuche, mich selbst und andere zu retten, sind gescheitert. Es reicht nicht aus. Sich das einzugestehen, fühlt sich an wie Sterben – und das ist es auch. Was hier stirbt, ist mein Ego und mein Versuch, mich selbst zu retten. All die großen und kleinen Strategien, die ich entwickelt habe, um Gott, der Welt und mir selbst zu beweisen, dass ich ein guter Mensch bin, dass ich das Leben und die Liebe verdient habe. Ich hatte nicht erwartet, dass alles in mir sich mit Händen und Füßen dagegen wehren würde. Ich hatte nicht gedacht, dass Glauben auch heißt zu sterben – obwohl die Bibel so oft davon erzählt und ich mich frage, wie ich das übersehen konnte. Sterben heißt, sich schutzlos

auszuliefern, dem, der von sich sagt, dass er das Leben ist, und alles auf eine Karte zu setzen, die Gnade heißt.

Der Gnade vertrauen, das fühlt sich an wie sterben. Weil ich nichts beitragen, sie nicht beeinflussen oder kontrollieren kann. Weil ich all meine eigene Gerechtigkeit und meine Versuche, mich selbst zu retten, begraben muss. Aber dann, drei Tage später, recken sich erste grüne Spitzen aus der Erde. Weil der, der bereit ist zu sterben, in Jesus Leben finden wird.

Direkt ins Beet

Nicht alle Pflanzen muss man zu Hause vorziehen. Tomaten, Chilis, Paprika & Co sind frostempfindlich und brauchen den kleinen Vorsprung, um rechtzeitig reif werden zu können. Die meisten Gemüsesorten kann man jedoch direkt ins Beet säen. Das macht die Pflanzen sogar robuster.

SCHWERTER ZU PFLUGSCHAREN

Langsam gräbt sich meine kleine Gartenschaufel in die Erde. Fast zehn Jahre schon leistet sie mir gute Dienste. Mit ihr habe ich säckeweise Unkraut ausgegraben, Tomaten gepflanzt, Krokusse vergraben, Brombeerhecken ausgebuddelt, Kartoffeln angehäufelt, Kompost verteilt und vieles mehr. Mein treues kleines Werkzeug, mit dem ich unerlässlich meinen Garten bepflanze und gestalte. Mit den Jahren ist sie verschrammt und ihre Spitze ist mittlerweile verbogen, aber trotzdem gräbt sie weiter. Ist es nicht erstaunlich, was man mit so einem kleinen Ding alles erschaffen kann? Und immer mal wieder, wenn ich in unseren kleinen Werkzeugschuppen gehe und denke, dass der ganz dringend mal wieder ausgeräumt werden sollte, kommt mir ein altes Versprechen in den Sinn. In diesem Versprechen ist die Rede von einer Zeit, in der Gott zwischen allen Völkern Frieden schaffen wird und aus Waffen Gartengeräte geschmiedet werden.

Schwerter werden zu Pflugscharen, Granaten zu Gartenschaufeln, Maschinenpistolen zu Hacken. Statt zu töten, werden wir damit pflanzen und statt Gewalt und Blut werden Sonnenblumen und Weinstöcke wachsen. Was für ein unglaubliches Versprechen! Während mein sorgenvolles Herz oft so voll ist von den Nachrichten von Kriegen und Konflikten, draußen in der Welt, aber auch vor meiner Haustüre, in meiner Nachbarschaft und meinem Wohnzimmer, gräbt sich meine Schaufel immer weiter in den harten Boden. Und mit jeder Schaufelladung Erde gräbt sich auch dieses Versprechen immer weiter in mein Herz.

Gott selbst schlichtet den Streit zwischen den Völkern, und den vielen Nationen spricht er Recht. Dann schmieden sie ihre Schwerter zu Pflugscharen um und ihre Speere zu Winzermessern. Kein Volk wird mehr das andere angreifen; niemand lernt mehr, Krieg zu führen. Kommt, ihr Nachkommen von Jakob, wir wollen schon jetzt mit dem HERRN leben. (Jesaja 2,4)

Manchmal, da scheint dieses Versprechen so unendlich weit weg. Doch dann stolpere ich eines Tages über den amerikanischen

Theologen und Aktivisten Shane Claiborne, der mich mit seinen Gedanken über die tatkräftige Liebe Jesu in den Bann zieht. Und dann sehe ich es auf einmal, das kleine Hoffnungsprojekt, das das große Versprechen Gottes in unsere Welt, in das Jetzt, heute und hier, hineinglaubt. Zusammen mit einer kleinen Gruppe kämpft Shane Claiborne für Frieden und setzt sich für strengere Waffengesetze in den USA ein. Dabei haben sie ein Projekt entwickelt, bei dem Waffen abgegeben und tatsächlich zu Gartengeräten oder Kunstobjekten umgeschmiedet werden können.[3] Schwerter zu Pflugscharen. Pistolen zu Gartenschaufeln. Nicht erst irgendwann, sondern schon heute.

Wie dringend braucht mein Herz solche Hoffnungsgeschichten, die uns zeigen, dass Gottes große Vision von Frieden, Liebe und Güte keine Utopie ist, sondern ein Versprechen, das im Kleinen jetzt und hier schon aufbrechen und seinen Anfang nehmen darf. Und während meine kleine Schaufel weiter in der Erde gräbt, Gurken einbuddelt und Zwiebeln setzt, da macht mir dieses Bild Mut. Mut, mich nicht auf später oder das Jenseits vertrösten zu lassen. Sondern die Schaufel in die Hand zu nehmen, Frieden zu pflanzen und ihm nachzujagen und zu glauben, dass wir heute schon sehen dürfen, wie Schwerter zu Pflugscharen werden.

Hoffnungsgeschichten, die uns zeigen, dass Gottes große Vision von Frieden, Liebe und Güte keine Utopie ist, sondern ein Versprechen, das im Kleinen jetzt und hier schon aufbrechen und seinen Anfang nehmen darf.

3 RAWtools, https://rawtools.org/

Meine Must-haves an Gartenwerkzeug

Im Garten braucht man nicht viel, um anzufangen.
Hier meine liebsten Gartenwerkzeuge, die ständig im Gebrauch sind:
eine Hacke, eine Schaufel, eine kleine Handschaufel,
ein Eimer (zum Unkrautjäten und Erntesammeln), eine Gießkanne,
eine gute Gartenschere, Gartenhandschuhe, ein Sitzkissen,
um sich mitten ins Beet zu setzen

Gott selbst schlichtet den Streit zwischen den Völkern, und den vielen Nationen spricht er Recht. Dann schmieden sie ihre Schwerter zu Pflugscharen um und ihre Speere zu Winzermessern. Kein Volk wird mehr das andere angreifen; niemand lernt mehr, Krieg zu führen.

(Jesaja 2,4)

UNKRAUT JÄTEN

Das Blumenbeet sieht aus wie ein kleines Schlachtfeld. Unkraut und vertrocknete Blumenstängel vom letzten Jahr haben sich ungehindert ausgebreitet und überwuchern das ganze Beet. Die ersten zarten Krokusse, die sich nach dem langen Winter durchgekämpft haben, werden davon völlig erstickt. Also schnappe ich mir meine Gartenschere und eine kleine Schaufel und mache mich ans Werk. Ich fange an, Vertrocknetes wegzuschneiden und Unkraut zu jäten. Noch ist das recht einfach. Der Boden ist locker und die Wurzeln nicht tief. Eins habe ich in den letzten Jahren gelernt: Je länger man wartet, desto schwieriger wird es, denn Unkraut ist besonders schnell dabei, sich zu vermehren. Also zügig den Löwenzahn herausziehen, bevor er blüht und sich dann nicht nur in meinem Blumenbeet verteilt, sondern auch in sämtlichen Nachbargärten (was in einem Schrebergartenverein nicht unbedingt gut ankommt!). Dann noch den Giersch ausbuddeln und darauf achten, dass man kein noch so kleines Wurzelstück vergisst, denn dann wächst er gleich doppelt nach.

Doch nicht nur im Beet jäte ich Unkraut. Auch mein Herz hat es bitter nötig. Enttäuschung, schlechte Gedanken, Selbstbezogenheit und Neid wollen sich breitmachen und ihre giftigen Samen überall verteilen. Besonders nach langen, kalten Wintern. Manchmal bin ich schnell und kann sie herausziehen, bevor sie tiefe Wurzeln schlagen. Andere lasse ich zu lange wuchern, manche sogar, bis sie aufblühen und ihre giftigen Samen überall um mich herum verteilen. Dann gibt es noch die großen Büsche, die so lange ungehindert im Beet gewachsen sind, dass sie dicke Wurzeln gebildet haben, mit denen sie sich erbarmungslos festkrallen. Einst kleine Pflänzchen sind so riesig geworden, dass ich alleine nicht gegen sie ankomme. Wie gut, dass ich das gar nicht muss. Ich darf mir Hilfe suchen und jemanden bitten zu kommen, einen Spaten mitzubringen und mich zu unterstützen.

Nachdem ich mehrere Tage in meinem Beet gearbeitet habe, sieht es toll aus. Aber aus Erfahrung weiß ich auch, dass noch viele Wurzeln im Boden versteckt sind. Da ist noch so einiges, das ich nicht gesehen oder nur oberflächlich abgezupft habe. In ein paar Tagen wird neues Unkraut gewachsen sein und dann heißt es wieder jäten. Und dann wieder und immer wieder. Es gibt Tage, da bin ich ziemlich frustriert von all dem Unkraut, das unermüdlich nachwächst. Davon, nie wirklich fertig zu sein. Wieder und immer wieder von vorn anfangen zu müssen.
Auch wenn es mit der Zeit weniger wird.

Vielleicht ist es genau in solchen Momenten an der Zeit, einen kleinen Schritt zurückzutreten. Denn dann sieht man plötzlich all die lila Krokusse, die zwischen der braunen Erde aufblitzen. Dort, wo vor ein paar Tagen noch Unkraut gewuchert ist, da ist jetzt auf einmal Platz. Also setze ich mich auf mein Fahrrad und radle zum Blumenladen um die Ecke. Ich kaufe gelbe Glockenblumen und bunte Primeln und pflanze sie in die

Einst kleine Pflänzchen sind so riesig geworden, dass ich alleine nicht gegen sie ankomme. Wie gut, dass ich das gar nicht muss. Ich darf mir Hilfe suchen und jemanden bitten zu kommen, einen Spaten mitzubringen und mich zu unterstützen.

braune Erde. Und wie viel mehr freue ich mich darauf, was Jesus an den unkrautfreien Stellen in meinem Herzen wachsen lassen will: Dankbarkeit statt Neid, Ermutigung statt schlechter Gedanken. Und vielleicht auch eine große bunte Portion Freude.

Tipps für weniger Unkraut

Ein gemulchter Boden unterdrückt das Unkrautwachstum, indem es Licht blockiert.

Regelmäßiges Jäten verhindert, dass sich das Unkraut ausbreitet.

Bodendecker pflanzen – wo schon etwas wächst, ist kein Platz für Unkraut.

Wurzelunkraut nicht auf dem Kompost entsorgen.

Und lieb gewinnen: Fast alles Unkraut hat tolle Eigenschaften. Die Blätter von Giersch sind beispielsweise nicht nur essbar, sondern auch sehr gesund – genau wie die Brennnessel, aus der man Jauche und Tee machen kann. Außerdem sind Unkräuter wahre Insektenmagnete.

JESUS, DER GÄRTNER

Manchmal überlege ich mir, wie Jesus heute wohl aussehen und ob ich ihn erkennen würde, wenn er mir auf der Straße oder an der Supermarktkasse begegnen würde. Ob er dem müden Papa auf dem Spielplatz ähnlichsähe, der seit zwanzig Minuten unermüdlich seinen Kleinen auf die Rutsche hebt? Oder einem der Männer auf der Baustelle vor unserem Haus, mit dicken Arbeitshandschuhen und verschwitzten Gesichtern? Oder vielleicht sähe er ein wenig aus wie der Mathelehrer, der an der Laterne vor unserem Haus in der Kaffeepause seine Zigarette raucht, mit seiner schwarzen, abgewetzten Arbeitstasche und der großen Brille. Oder sähe er aus wie der voll tätowierte Hundebesitzer, der uns jeden Morgen auf seiner Runde entgegenkommt, mit langen Haaren und weißem Vollbart, dem ernsten Gesicht und dem kleinen niedlichen Malteser?

Wie sähe Jesus heute wohl aus und würde ich ihn erkennen, wenn ich ihn auf der Straße träfe?

Es gibt eine Geschichte von einer, die Jesus nicht erkannte, obwohl sie drei Jahre an seiner Seite verbracht hatte. Die mit ihm unterwegs gewesen war, ihn reden und lehren hörte über Gottes Reich, das angebrochen ist, die sah, wie er Kranke heilte und Menschen befreite. Und die selbst frei geworden und seitdem nicht mehr von seiner Seite gewichen war. Die noch in seinen schlimmsten Stunden dort am Kreuz neben ihm gestanden hatte. Und dennoch: Als Maria Magdalena am Ostermorgen vor dem leeren Grab steht und zwischen Trauer und Hoffnung überwältigt ist von der Botschaft des Engels (Er ist nicht hier! Er ist auferstanden!), da begegnet ihr Jesus – und sie erkennt ihn nicht.

Sie denkt, er wäre der Gärtner.

Ich mag die Vorstellung von Jesus als Gärtner. Mit schmutzigen Händen und dreckigen Knien, den Erntekorb oder die Gartenschaufel noch in der Hand. Vielleicht liegt das an meiner eigenen Geschichte. Vor einigen Jahren, als ich an einem theologischen Seminar studieren und leben durfte, habe ich eine Menge gelernt. Doch das, was mich dort am meisten beeindruckt hat, waren keine theologischen Lehrer oder Mentoren, sondern mein

Ostereierfärben mit Naturfarben

Seit ein paar Jahren färbe ich unsere Ostereier nach einem alten Rezept meiner Uroma. Dazu koche ich Zwiebelschalen und ein Schuss Essig zu einem Sud und lass ihn mind. 10 min köcheln. Anschließend koche ich die Eier darin. Weitere Farben direkt aus dem Garten sind rote Zwiebeln, Holundersaft und Rote Beete.

kleiner Nebenjob in einer Gärtnerei. In einer Zeit, in der es mir sehr schwergefallen ist, in einem mir so fremden Glaubenssystem zurechtzukommen, und ich ständig das Gefühl hatte, falsch zu sein oder nicht hineinzupassen, war das meine kleine Oase. Jede Woche wurde ich hier mit freundlichen Worten begrüßt. Hier war ein Ort, an dem ich willkommen war, einfach so wie ich bin.

Und das, obwohl ich so ganz ohne Gartenerfahrung wahrscheinlich keine allzu große Hilfe war. Wie soll man auch Unkraut zupfen, wenn man nicht weiß, wie es aussieht, und dann aus Versehen eine halbe Stunde lang Stiefmütterchen jätet? Aber hier war ein Ort, an dem es okay war, zu versagen, und man dennoch gemocht wurde. Vielleicht macht das Gärtnern das mit einem: Man wird gnädig mit sich, mit dem Leben und den Menschen um einen herum.

Vielleicht macht das Gärtnern das mit einem: Man wird gnädig mit sich, mit dem Leben und den Menschen um einen herum.

Und wenn ich Jesus heute träfe, hielte ich ihn vielleicht auch für den Gärtner. Weil zwischen seinem wettergegerbten Gesicht und den vernarbten Händen ganz viel Freundlichkeit und Güte zu finden ist.

FRIEDEN MIT MEINEN GRENZEN

Unser Garten ist zu klein. Definitiv!

Was könnte ich nicht alles tun, wenn wir ein bisschen mehr Platz hätten! Ich würde einen Kartoffelacker anlegen und einen riesigen Sandhaufen für die Kinder. Einen kleinen Heilgarten (wie in den Klöstern früher) und ein Dahlien- und Sonnenblumenfeld. Eine Knoblauchecke, mit der ich nicht nur uns, sondern auch all meine Freunde und meine Großfamilie für die nächsten Jahre selbst versorgen könnte. Dann noch einen Erdkeller und eine Ecke für gerettete Pflanzen, mit denen ich immer Mitleid bekomme, sobald sie reduziert sind, und von denen ich mir einrede, dass sie weggeworfen werden, wenn *ich* sie nicht *sofort* mitnehme. Und ich würde ein Tomatenfeld anlegen mit all den alten und wundervollen Sorten, die sonst in Vergessenheit geraten. Außerdem wären da auch noch die Bienen, von denen ich schon so lange träume.

An Ideen fehlt es mir nicht. Um sie alle zu verwirklichen, bräuchte ich allerdings einen Garten, der mindestens viermal so groß ist wie der, den wir jetzt haben, und mehr als nur ein paar Stunden mehr Zeit pro Tag.

Aber so geht es mir nicht nur im Garten. Wie gerne würde ich alles tun, alles erleben, alles haben und lernen. Wie oft träume ich von all den Dingen, die ich tun könnte oder sollte, und komme doch so schnell an meine Grenzen. Denn mir steht nicht die ganze Welt offen, sondern einfach nur meine kleine, drei Ar große Parzelle. Eine Zeit lang hat mich das ganz schön frustriert und ich habe ständig von „mehr" geträumt. Aber mit den Jahren lerne ich nach und nach, nicht nur meinen Frieden damit zu schließen, sondern meine Begrenzungen auch zu genießen. Ich kann nicht alles haben, nicht alles sein, nicht jedem helfen und nicht bei allem dabei sein. Und das ist okay so. Ich werde wunderbare Dinge erleben und andere verpassen. Mein Ja zu etwas ist auch immer ein Nein zu vielem anderen. Doch statt

Wie oft träume ich von all den Dingen, die ich tun könnte oder sollte, und komme doch so schnell an meine Grenzen.

immer wieder gegen Mauern anzukämpfen und zu versuchen, über meine Grenzen zu wachsen, mir ständig zu wünschen, ich hätte von diesem oder jenem mehr zu Verfügung, will ich das, was ich habe, mit Leben füllen.

Ich richte mir ein winzig kleines Dahlienbeet an unserem Gartenzaun ein.

Ich pflanze zwar keinen Kartoffelacker, aber drei Kartoffelpflanzen mitten ins Beet. Ich ziehe alte Tomatensorten, aber eben nur eine Handvoll, und die Kräuter bekommen zwar kein Klostergarten, dafür verteile ich sie in all die leeren Ecken. Und dann pflanze ich zwei Beete voller Knoblauch, der den ganzen Winter über reicht.

Tipps für kleine Balkone

Besonders auf Balkonen ist der Platz oft begrenzt. Aber auch hier kannst du ganz wundervoll gärtnern. Nutze Balkonkästen (z. B. für Kräuter oder Salate) oder baue vertikal an (mit speziellen Vertikalbeeten, die du kaufen oder selbst bauen kannst). Beipflanzungen (z. B. Basilikum mit in deine Tomatentöpfe pflanzen) sparen Platz, und wer auf Beeren nicht verzichten will, kann sich nach speziellen Balkonzüchtungen umschauen, die auch im Kübel gut wachsen. Achte jedoch darauf, dass du ausreichend düngst und die richtigen Pflanzen für deinen Standort wählst. Auf einem heißen Südbalkon werden sich Tomaten, Chili und mediterrane Kräuter wohlfühlen, im Halbschatten wachsen Schnittlauch, Petersilie und Salate besser.

Manchmal sind die Grenzen nicht so leicht zu erkennen. Da es in unserem Gartenverein nicht erlaubt ist, Gartenzäune zu errichten, muss ich oft ein paar Schritte zurücktreten, um nicht aus Versehen das Grundstück unserer Nachbarn mit zu mähen oder einen Johannisbeerstrauch in ihren Garten zu setzen. Und in meinem Alltag übertrete ich ständig meine Grenzen und merke es oft erst, wenn es zu spät ist. Wenn ich in Arbeit ertrinke, mir selbst keine Freizeit mehr gönne und dadurch unausstehlich werde. Wenn ich anfange, mich selbst zu bemitleiden, und ständig das Gefühl habe, ich käme zu kurz, dann merke ich, dass ich schon viel zu lange über meine Kräfte und über meine Grenzen gelebt habe. Und wenn ich selbst diese Warnsignale überhöre, schaltet sich mein Körper ein und holt sich die Ruhe, die ich ihm so lange verwehrt habe.

Und ich darf lernen, Frieden mit diesen Grenzen zu schließen. Denn ich brauche gar nicht mehr. Alles, was ich tun muss, ist das, was ich habe, mit Leben zu füllen.

Deshalb fange ich an, Frieden mit meinen Grenzen zu schließen (Psalm 147,14). Mit meiner begrenzten Zeit und meiner begrenzten Kraft. Mit den Begrenzungen, die meine Familiensituation mit sich bringt und all die Grenzen, die ich als menschliches Wesen habe, aber auch mit denen, die ich ganz persönlich mit meiner Geschichte und meinem Charakter mitbringe. Ich bin Geschöpf, nicht Gott. Er ist unbegrenzt, ich nicht. Und ich darf lernen, Frieden mit diesen Grenzen zu schließen. Denn ich brauche gar nicht mehr. Alles, was ich tun muss, ist das, was ich habe, mit Leben zu füllen.

Und während ich innerhalb meiner Grenzen bebaue, bepflanze und gestalte, merke ich, wie glücklich mich das macht.

VON ERBSEN UND ANDEREN DINGEN, DIE SICH EIGENTLICH NICHT LOHNEN

Geduldig pule ich die Erbsen aus ihrer Schote. Seit Januar habe ich fleißig dafür gearbeitet, Beete hergerichtet und gehackt, Unkraut gejätet, Schnecken verjagt. Ich habe Samen für Samen in die Erde gelegt, gegossen, gemulcht und dann irgendwann wurde meine Mühe belohnt! Ich konnte ein paar knackig grüne Erbsenschoten ernten.

Und nun sitze ich da am kleinen Gartentisch vor unserer Hütte und pule ich Erbsen aus ihrer Schote. Während die Kinder durch den Garten rennen und die kleinen grünen Kügelchen über den Tisch kullern, drückt sich erbarmungslos ein Gedanke immer wieder in den Vordergrund: „Bist du eigentlich bescheuert? Das lohnt sich doch überhaupt nicht!“

Und dann mache ich den Fehler und fange an nachzurechnen: Für ein paar Euro bekomme ich perfekte, frische, tiefgefrorene Erbsen im Supermarkt. Das ganze Jahr über, sogar in Bioqualität. Wenn ich das mit der Samenpackung meiner Erbsen vergleiche (die zwischen drei und vier Euro kostet), komme ich noch ganz gut weg. Jedenfalls, wenn man ein bisschen Erfahrung hat und die meisten der Erbsen aufgehen (was bei mir so gut wie nie der Fall ist). Sobald ich jedoch meine Arbeitszeit mit einkalkuliere, sieht das ganz anders aus. Also ganz ehrlich: Das mit dem eigenen Gemüse lohnt sich wirklich nicht. Jedenfalls nicht finanziell.

Und während ich darüber nachdenke, fallen mir so viele Sachen ein, die sich nicht lohnen. Eine Freundschaft mit jemanden beginnen, der wegzieht. Freundlich sein. Morgens das Bett machen, wenn man sich abends wieder reinlegt. Ein Gespräch mit jemanden führen, den man nach diesem Abend nie wiedersieht. Etwas reparieren, das man für ein paar Euro nachkaufen kann. Sich morgens anziehen, obwohl man nicht das Haus verlässt. Etwas Kreatives machen. Einfach nur dasitzen, bei den Kindern, bei einer kranken Person. Still sein. Trödeln und Zeit verschwenden. Aus dem Fenster schauen. Erbsen anbauen.

Viele Dinge lohnen sich nicht. Wir verschwenden damit unsere Zeit, Kraft und unser Geld. Sie sind nicht effizient und tragen ein fettes Minus am Ende der Kosten-Nutzen-Rechnung. Aber wenn wir sie dennoch tun und den „Es lohnt sich nicht"-Gedanken in seine Schranken verweisen, dann kann es passieren, dass gerade die Dinge, die sich nicht lohnen, uns unglaublich glücklich machen. So geht es zumindest mir.

Wenn wir den „Es lohnt sich nicht"-Gedanken in seine Schranken verweisen, dann kann es passieren, dass gerade die Dinge, die sich nicht lohnen, uns unglaublich glücklich machen. So geht es zumindest mir.

Wenn ich dort in meinem Garten in der Sonne sitze und eine gefühlte Ewigkeit für ein winziges Schüsselchen Erbsen brauche, dann fühle ich mich, als wäre ich unglaublich reich. Denn wer kann es sich schon leisten, seine Zeit (fürs Erbsenpulen) zu verschwenden? Ich! Ich kann es mir leisten. Wie beschenkt muss ich sein, dass ich mir das einfach so herausnehmen kann!

Erstaunlicherweise sind es genau diese kleinen Momente, in denen ich Dinge tue, die auf den ersten Blick nicht lohnenswert aussehen, die das Leben so kostbar machen.

Das erinnert mich an einen Gott, der so unglaublich ineffizient ist, dass es mich manchmal zur Weißglut treibt. Der den Menschen so geschaffen hat, dass er einen Großteil seiner Zeit mit Schlafen verschwendet. Der sich einen Tag auswählt und sagt: „Der gehört mir. Und das Wichtigste ist, dass ihr da nichts tut!" Der dem Einzelnen begegnet und nicht der Masse. Der es scheinbar nie eilig hat. Der so viel Schönheit schuf sogar an Orten, wo man sie nicht

Stickstofflieferant

Erbsen und Bohnen binden Stickstoff im Boden. Daher müssen sie nicht extra gedüngt werden und fördern sogar die Bodenqualität.

sehen kann. Und der sich auf all die hoffnungslosen Fälle einlässt, die wir schon längst abgeschrieben hätten. Wer kann es sich leisten, seine Zeit mit all dem zu verschwenden? Jemand, der unglaublich reich sein muss.

Vielleicht sollten wir wieder öfter Dinge tun, die sich eigentlich nicht lohnen.

EISHEILIGE

Unsere Wohnung sieht aus wie ein kleiner Dschungel. Das tut sie jedes Jahr im Frühling, wenn die Pflänzchen immer größer werden und die einstigen grünen Winzlinge pikiert in ihren eigenen Töpfchen darauf warten, endlich in den Garten umzuziehen. Um die lieben Kleinen abzuhärten und sie ans Sonnenlicht zu gewöhnen, trage ich sie jeden Morgen auf unseren Balkon und abends wieder zurück in die kuschelig warme Wohnung. Die ersten Tage noch voller Euphorie und Stolz und irgendwann nur noch genervt – schließlich habe ich Besseres zu tun, als Pflanzenkisten durch die Gegend zu schleppen und neben dem Gießen auch noch Setzlingstaxi zu spielen. Ich fiebere dem Moment entgegen, wenn sie endlich in den Garten dürfen und ich wieder Platz zum Leben habe. Wenn wir uns morgens nicht am Pflanzregal vorbei an den Esstisch quetschen müssen und wir frühstücken können, ohne dass einem die Bohnenstange ins Müsli hängt. Aber der Platz in unserer kleinen Wohnung ist begrenzt, ganz besonders der mit gutem Licht.

Doch der heiß ersehnte Moment lässt erst mal auf sich warten. Denn auch wenn manchmal schon Ende April sommerliche Temperaturen herrschen, warten erfahrene Gärtner mit dem Auspflanzen traditionell bis kurz nach den Eisheiligen. Erst nach der „Kalten Sophie“ (am 15. Mai) gelten die Nächte als frostfrei und Tomaten, Zucchini und Co. können in den Garten wandern. Hierbei handelt es sich zwar um keine exakte Wettervorhersage, doch mir und vielen anderen hilft diese Bauernregel, nicht zu früh auszupflanzen und bei einem nächtlichen Frost dann die halbe Ernte zu verlieren.

Ja, wer gärtnern will, der muss sich in Geduld üben. Und das ist nicht so einfach. Denn wenn ich ehrlich bin, geht mir im Garten oft alles viel zu langsam. Wenn ich säe, will ich am liebsten am gleichen Tag noch die ersten grünen Triebe sehen und am besten ein paar Tage darauf schon ernten. Ich will junge Bäume nicht erst jahrelang pflegen müssen, bis die ersten Birnen daran hängen, und

wie lange kann bitte ein Winter sein, wenn man darauf wartet, bis man endlich wieder im Garten loslegen kann?
Aber das ist auch die gute Nachricht: Man kann sich in Geduld üben. Mein Garten lehrt mich Geduld, jedes Jahr ein kleines bisschen mehr. Wie oft war ich Ende April schon kurz davor, „Ach, was soll's!" zu denken und einfach alles auszupflanzen. Und wie oft wurde ich eines Besseren belehrt, weil dann tatsächlich noch mal ein gewaltiger Temperatursturz kam.

Ich glaube, Geduld ist eine weit unterschätzte Tugend, Ungeduld dagegen eine Charakterschwäche, die wir gerne zugeben, weil wir sie insgeheim doch nicht ganz so schlimm finden. Und ich glaube, wir könnten nicht falscher liegen, denn geduldig sein ist mehr, als nur warten zu können.

Geduld ist auch das Aushalten und Ertragen von schwierigen Situationen und unerfüllten Sehnsüchten. Geduld zeigt sich in Gelassenheit, in Beharrlichkeit, im Durchhalten und im Nichtloslassen, wenn es mal schwierig wird. Die wirklich großen Dinge im Leben werden wir deshalb ohne Geduld nicht erleben.

Auch im Glauben nicht. Weil Geduld bedeutet, dass ich glaubend und vertrauend warten kann und die Dinge nicht selbst in die Hand nehme. Ungeduld ist mehr als nur das hektische Drängeln im Stau oder an der Supermarktkasse. Ungeduld hat die Kraft, zu zerstören – viel mehr noch als die Zucchinipflanzen und Tomatensetzlinge, die im nächtlichen Maifrost erfrieren.

Oft halte ich das Warten nicht aus, weil mir der Glaube daran fehlt, dass Gott sich um das Ersehnte kümmern wird. Wie Abraham, der Gottes Zusage für einen Sohn nach langem Warten durch ein Kind mit seiner Sklavin Hagar selbst einlösen will. Oder Saul, der ungeduldig wird, als der Prophet Samuel nicht zum vereinbarten Zeitpunkt kommt, und selbst ein Brandopfer bringt und damit

Geduldig sein ist mehr, als nur warten zu können. Geduld ist auch das Aushalten und Ertragen von schwierigen Situationen und unerfüllten Sehnsüchten.

sein Königtum verliert, weil ihm das strengstens untersagt war (1. Samuel 13,8-14). Oder das Volk Israel in der Wüste, das unterwegs mehr als einmal den Glauben und die Geduld verliert und dafür einen hohen Preis zahlen muss (4. Mose 21,4).

Geduld ist eine hart erarbeitete und weit unterschätzte Eigenschaft. Aber wenn wir sie erlernen und sie in unserem Leben wachsen darf, wird sie uns nicht nur viel Schmerz ersparen, sie wird auch die Hoffnung in uns stärken. Sie lehrt uns nämlich, Zwischenzeiten und Sehnsucht, Zweifel und Stille auszuhalten und trotz all des Wartens das Vertrauen nicht zu verlieren. Geduld ist eine ziemlich bodenständige Form von Glauben.

Und so quetsche ich mich noch ein paar weitere Tage durch unsere kleine Wohnungsgärtnerei. Trage, pflege und gieße unsere grünen Zöglinge. Übe mich im Geduldigsein und bete, dass nicht nur die Kürbisse auf meiner Fensterbank, sondern viel mehr noch die Geduld in meinem Herzen ein kleines bisschen weiterwachsen darf.

Abhärten

Damit die Pflanzen keinen Schock bekommen, sollte man sie ein paar Tage vor der Auspflanzung anfangen abzuhärten. Dafür stellt man sie jeden Tag ein paar Stunden ins Freie.

VIELE KLEINE GÄRTNER ...

Vor einigen Wochen bin ich über einen Beitrag gestoßen, der sich seitdem tief in meinen Kopf eingegraben hat. Dort hieß es, dass in Deutschland die Summe der Gartenflächen so groß wie die aller Naturschutzgebiete ist.[4] Nun könnte man mit den Schultern zucken und weiterblättern oder sich diese Tatsache als Klugscheißerwissen fürs nächste Familientreffen merken, wäre da nicht dieses eine Kinderlied, das sich zu diesem scheinbar unnützen Wissen dazugesellt und in meinem Kopf vor sich hersummt. Dort heißt es: „Viele kleine Leute an vielen kleinen Orten, die viele kleine Dinge tun, können das Gesicht der Welt verändern." Und seitdem denke ich darüber nach, wie unglaublich viel Potenzial in all unseren Gärten und Balkonen steckt! Was wohl passieren würde, wenn viele kleine Gärtner an vielen kleinen Orten viele kleine Dinge tun, die ihre Gärten ein bisschen lebendiger und naturnaher machten? Was passieren könnte, wenn wir alle jeden Monat eine einzige Sache bauten, pflanzten oder umgestalteten und sich nach und nach all die toten Steingärten, tristen Rasenflächen und nackten Balkone in lebendige, naturnahe Gärten verwandelten, die Wildbienen, Vögel und Insekten Nahrung und Unterschlupf bieten könnten.

Was wohl passieren würde, wenn viele kleine Gärtner an vielen kleinen Orten viele kleine Dinge tun, die ihre Gärten ein bisschen lebendiger und naturnaher machten?

Und vielleicht klingt dieser Gedanke seit Wochen in mir nach, weil ich mich so oft hilflos und ohnmächtig fühle, wenn ich in diese Welt schaue. Die Klimakrise und das Artensterben machen mir oft Angst und lassen mich wie gelähmt zurück. Und ja, ich glaube, dass große, mutige politische Entscheidungen nötig sind, aber ich weiß auch, dass mein Einfluss da nicht hinreicht. Vielleicht hat dieser kleine Fakt so viel Nachhall in mir gefunden, weil er davon erzählt, dass

4 Post von tausendgaerten 29.09.2022 auf Instagram, https://www.instagram.com/p/CjFuUgbL6GS/ (eine Kampagne des Bundesamts für Naturschutz für mehr biologische Vielfalt in Deutschland)

wir nicht alles tun können, aber durchaus etwas. Weil ich aus dem Fenster schaue und mir vorstelle, wie unsere Balkone und Gärten aussehen könnten.

Wie Insektenhotels und Vogeltränken neben Wassertonnen und Wurmkisten ständen. Wir blühende Kräuter pflanzen und Nistgelegenheiten schaffen könnten. Wenn wir statt Pestiziden Jauchen ansetzten, unseren Kirschlorbeer durch heimische Wildsträucherhecken ersetzten und ein reiches Vögel- und Insektenbüfett bereitstellten und Laubhaufen sowie wilde Ecken kleinen und großen Gartenbewohnern Unterschlupf gewähren könnten.

Und dann träume ich weiter, wie unserer Balkone und Gärten zu Orten würden, die die Welt nicht nur ein bisschen lebendiger und farbenfroher machten, sondern die auch davon erzählten, dass wir in der Lage sind, einen Anfang zu machen und kleine Dinge, die in unserem Einflussbereich stehen, zu verändern. Davon, dass es oft die kleinen Veränderungen sind, die uns Mut machen, auch die großen Schritte anzugehen.

Die Klimakrise werde ich mit ein paar Balkonkästen nicht lösen. Aber meine Straße ein bisschen farbenfroher machen, das kann ich. Und vielleicht kann ich irgendjemandem, der an meinem Balkon voller Sonnenblumen oder unserem kleinen wilden Garten vorbeiläuft, Mut machen, dass viele kleine Leute an vielen kleinen Orten, die viele kleine Schritte tun, die Welt tatsächlich verändern können.

Zwölf kleine Ideen, um deinen Balkon / Garten naturnaher zu gestalten

1. Pflanze blühende Kräuter
(z. B. Basilikum, Thymian, Oregano).

2. Pflanze eine Sonnenblume und lass sie im Winter
als Nahrungsquelle stehen.

3. Ersetze einen Kirschlobeerstrauch
durch eine heimische Wildhecke, zum Beispiel Holunder,
Hundsrose oder Schlehe.

4. Baue eine kleine Insektentränke.

5. Baue eine Steinpyramide oder eine Trockenmauer.

6. Verwandle einen kleinen Teil des Rasens in eine
Wildblumenwiese.

7. Stelle eine Nisthilfe zur Verfügung.

8. Verzichte auf künstliche Beleuchtung.

9. Lass eine unordentliche Ecke mit Totholz und Laub
als sicheren Unterschlupf stehen.

10. Setze eine Jauche an und verzichte auf künstlichen
Dünger und Pestizide.

11. Wünsch dir zu Weihnachten eine Wurmkiste.

12. Pflanze jeden Monat eine neue
heimische Wildpflanze.[5]

5 Ideen gibt's hier: https://www.tausende-gaerten.de/so-gehts/tiere-pflanzen/

Gott segne deinen Frühling

Gott segne deinen Frühling
mit Entdeckerfreude und Tatendrang.
Er segne deine Hände, wenn sie dreckverschmiert
in der Erde buddeln und Neues erschaffen.
Er segne dich mit Glauben an kleine Dinge,
die ganz groß werden und den Dornen
dieses Lebens trotzen.

Gott segne deinen Frühling
mit Hoffnungssamen, die aufgehen, und Güte,
die wachsen darf.
Und er segne dich mit bunten Blumen und Vögeln,
die in deinen Bäumen nisten.

Sommer

Es ist Sommer und der Garten lädt zum Genießen ein. Die Sommerblumen leuchten in ihren buntesten Farben, überall summt und brummt es. Wir feiern Sommerfeste mit Wasserschlachten und Kirschkernweitspucken. Wir naschen sonnenwarme Himbeeren und schauen in den Sternenhimmel. Und die allerschönsten Tage, die wollen wir niemals enden lassen und so sitzen wir bis in die Nacht vor dem Lagerfeuer und erzählen Geschichten.

Und am liebsten, da will ich diese prallen vollen Tage einwecken, wie die dunkelroten Kirschen von unserem Lieblingsbaum. Sie haltbar machen für dunkle Wintertage, um dort noch mal den Sommer zu schmecken.

Und wenn die Sonne langsam untergeht, dann geh ich durch den Garten. Ich pflücke Kräuter und Blumen und Zucchini fürs Abendessen. Fahre mit vollem Fahrradkörbchen und noch vollerem Herzen nach Hause.

Ich finde Gott im Sommer.

Dann, wenn das Leben voll und leicht und pure Lebendigkeit ist. Wenn es mich mit vollen Händen beschenkt und es mir so leichtfällt zu glauben, dass das Leben hier gut ist. Wenn es mich mit Farben und Freude überschüttet. Dann will ich feiern und genießen. Das Leben und den, der mir das alles hier schenkt.

WILDER, GRÜNER CHAOS-GARTEN

Unser Garten sieht aus, als wäre er explodiert.

Nachdem in den letzten Wochen das Leben dazwischenkam und ich seit Tagen nicht mehr im Garten war, stehe ich nun am Eingang und weiß gar nicht, was hier passiert ist. An allen Ecken und Enden hat die Natur Vollgas gegeben.

Das Gras geht mir bis zur Wade, an manchen Stellen ist es sogar kniehoch gewachsen. Die Akelei hat sich verselbstständigt und nun blüht es nicht nur im Blumenbeet, sondern auch zwischen den Erdbeeren, dem Kräuterbeet, unter den Bäumen und zwischen den Himbeeren. Die sind so sehr gewachsen, dass ich dieses Jahr wahrscheinlich keine einzige ernten werde, weil ich mich davor durch einen grünen stacheligen Dschungel kämpfen muss. Das Unkraut hat sowieso ein Eigenleben begonnen und beschlossen, unseren Garten zu übernehmen.

Ich bin einfach nur überfordert. Denn wie soll ich das hier alles schaffen?

Auch in meinem Alltag sieht es gerade so aus, als wäre das Leben explodiert. Tausend Termine, die geregelt, und wundervolle Feste, die organisiert werden müssen, Lieblingsmenschen, die Zeit mit mir verbringen wollen, tolle Anfragen und Schreibideen, die mir eigentlich zu viel sind, aber auch viel zu wundervoll, um sie einfach abzusagen. Und dazwischen jede Menge Alltagsarbeit, wie Anträge ausfüllen, gegen Sorgendornen kämpfen und Herzensunkraut jäten. Rasen mähen, Kirschen ernten und kleine Träume schützen. Dieses volle, chaotische Leben kann manchmal ziemlich einschüchternd sein und im Moment überfordert es mich unglaublich.

Dabei weiß ich eigentlich genau, was jetzt als Allererstes zu tun wäre. Ich sollte mir einen Liegestuhl schnappen und mich einfach ein paar Minuten in dieses wilde Durcheinander setzen. Dann hört man nämlich Vögel zwitschern und Bienen summen (und den Rasenmäherlärm vom Nachbarn). Man sieht Blumen und Blaumeisen – und Spielzeugbagger zwischen Knoblauchpflanzen. Und vielleicht merkt man dann, dass man das Leben gar nicht

„schaffen" muss und man diesen wilden, wundervollen Wirrwarr gar nicht organisieren kann. Dass das Leben keine endlos lange Aufgabenliste ist, die abgearbeitet werden will, sondern ein wilder Garten, den man entdecken und bepflanzen darf und der einen mit all seiner Fülle manchmal eben auch überwältigt. Dass Dinge einem über den Kopf wachsen dürfen und ein bisschen grünes Chaos manchmal gar nicht so schlimm ist. Weil es von einem bunt blühenden, sättigenden Leben erzählt, das sich nun mal nicht organisieren und kontrollieren lässt.

Vielleicht merkt man dann, dass das Leben keine endlos lange Aufgabenliste ist, die abgearbeitet werden will, sondern ein wilder Garten, den man entdecken und bepflanzen darf und der einen mit all seiner Fülle manchmal eben auch überwältigt.

4 Ideen für den schnellen Erfolg

Du kommst in den Garten und bist erst einmal völlig überfordert? Diese Dinge kannst du als Erstes tun:

1. Rasen mähen (danach sieht alles nur noch halb so schlimm aus).
2. Eine kurze Aufräumrunde drehen – schon wirkt alles ordentlicher.
3. Samenunkräuter wie Löwenzahn entfernen, bevor sie blühen – so sparst du dir später sehr viel Arbeit.
4. Ernten – damit man das Genießen und Freuen nicht vergisst.

SOMMERFESTE

Eine bunte Wimpelkette flattert im Wind. Die Getränke stehen bereit, überall im Garten sind Blumen, Lampions und Sitzgelegenheiten verteilt. Langsam trudeln die ersten Gäste ein und dank ihnen füllt sich auch das Büfett. Es wird gegessen, getrunken und sehr viel gelacht. Neue und alte Freunde lernen sich kennen und während die Sonne untergeht, zünden wir ein Feuer an. Die Kinder klauen ein paar Süßigkeiten, huschen mit ihrer Limo hinter die Hütte und tauchen erst wieder auf, als es Marshmallows am Feuer gibt.

Wir feiern Sommerfest im Garten.

Als ich am nächsten Tag die Reste des Festes aufräume, Flaschen zusammensuche, Geschirr verstaue und Bierbänke zusammenklappe, denke ich mir: Das sollten wir öfter machen! Das Leben nicht nur so an uns vorbeiziehen lassen, sondern immer mal wieder innehalten und feiern. Die großen Meilensteine und die kleinen Dinge. Weil ich fest glaube, dass Feste mehr sind als ein paar gesellige Momente, in denen man für ein paar Stunden den trüben Alltag vergessen kann. Im Feiern halten wir inne und betrachten, was wir geschafft haben und was uns geschenkt wurde. Wir erinnern uns an Gott und seine Güte, mit der er uns so überschüttet, nicht nur an diesem einen Festtag, sondern jeden Tag aufs Neue. Und deshalb macht das Feiern auch meinen Alltag ein bisschen bunter. Wie gerne würde ich mehr feiern! Familienfeste, Lagerfeuerabende und Gartenpartys. Und wie oft verschiebe ich es auf später. Auf einen unbestimmten Zeitpunkt, wenn es nicht mehr so stressig, das Wetter besser, der Garten endlich fertig ist. Wenn die Kinder älter sind. Wenn ich mehr Kraft und Zeit habe …

Dass Problem dabei ist, dass dieses „Wenn" meistens nie kommt. Denn irgendwas ist immer. Und deshalb dürfen wir mitten in unserem trubeligen, sorgenvollen, unfertigen und unperfekten Alltag einfach ein paar Bierbänke aufklappen. Eine Tischdecke drüber werfen und ein paar Girlanden aufhängen. Mehr braucht es oft nicht. Wir dürfen das Essen bestellen oder mitbringen lassen und vielleicht führen wir einfach ein, dass auf unseren Feiern am Ende gemeinsam aufgeräumt wird. Schließlich muss es nicht immer die perfekt durchgeplante Riesenparty sein. Manchmal reichen auch eine kleine Picknickdecke, eine Backmischung und ein paar Freunde.

Was sich so einfach anhört, ist doch meistens nicht so leicht. Denn manchmal fühlt es sich so an, als würden all der Alltagstrubel und die Sorgen alle Kraft schlucken und fürs Feiern bleibt dann wenig übrig. Und deshalb ist Feiern manchmal auch ein trotziges „trotzdem". Trotz aller Sorgen, trotz aller Kraftlosigkeit, trotz Niederlagen und Regen, trotz zu wenig Platz und aller Unfertigkeit. Trotz all dem möchte ich feiern. Weil ich in allem und trotz allem umgeben bin von der Güte meines Gottes. Und daran erinnert mich das Feiern.

Deshalb ist Feiern manchmal auch ein trotziges „trotzdem". Trotz aller Sorgen, trotz aller Kraftlosigkeit, trotz Niederlagen und Regen, trotz zu wenig Platz und aller Unfertigkeit. Trotz all dem möchte ich feiern. Weil ich in allem und trotz allem umgeben bin von der Güte meines Gottes.

Blumeneiswürfel

Ein Highlight bei jedem Fest sind Eiswürfel mit essbaren Blüten wie z. B. Gänseblümchen, Borretschblüten, Ringelblumen, Kamille, Malven, Kapuzinerkresse, Holunderblüten. Hierzu einfach die Blumen in Eiswürfelbehälter geben, mit Wasser aufgießen und einfrieren.

Wein
Wein
Wein

Vom Himmel lässt du Regen auf die Berge niedergehen, die Erde versorgst du und schenkst reiche Frucht. Du lässt Gras wachsen für das Vieh und Pflanzen, die der Mensch anbauen und ernten kann. So hat er Wein, der ihn erfreut, Öl, das seinen Körper pflegt, und Brot, das ihn stärkt. Dann steht der Mensch auf und geht an seine Arbeit, er hat zu tun, bis es wieder Abend wird. O HERR, welch unermessliche Vielfalt zeigen deine Werke! Sie alle sind Zeugen deiner Weisheit, die ganze Erde ist voll von deinen Geschöpfen.

(Psalm 104,13-15.23.24)

DER (SCHOKO-)SCHATZ IM ACKER

Kinder und Garten, das ist so eine Sache. Wenn fremde Menschen an unserem Garten vorbeikommen, fangen sie an zu schwärmen. Sie sehen ein buntes Baumhaus, Himbeersträucher, Matschecken und ein riesiges Trampolin und staunen darüber, was für ein Spielparadies unsere Kinder hier haben. Unsere Kinder sehen das allerdings ein bisschen anders. Die wollen nämlich nur in den Garten, wenn sie wissen, dass die Nachbarskinder auch dort sind oder wir sie mit Eis bestechen. Das ist auch der Grund, warum wir jedes erdenkliche Spielgerät angeschafft haben – Ausdruck einer Mischung aus Verzweiflung und der Hoffnung, wenigstens ein paar Minuten ungestört etwas arbeiten zu können.

Als wir tagelang einen riesigen Baumstumpf aus der Erde gebuddelt haben, war ich irgendwann nur noch genervt. Die Kinder waren motzig, unmotiviert und weigerten sich, sich auch nur drei Minuten selbst zu beschäftigen. Aber dann kam die rettende Idee. Ich erzählte ihnen die Geschichte von einem Schatz, der irgendwo in dem großen Erdloch vergraben sei, und dass wir nur tief genug graben müssen, um ihn zu finden. Und bevor ich mich versehen konnte, wurde losgebuddelt. Mit riesigen Schaufeln, Spielzeugbaggern und voller Motivation. In einer kurzen Trinkpause platzierte ich dann ein paar Schokoriegel im Erdloch – tadaaa, da lag er, unser kleiner Schatz im Acker, und die Kinder waren ganz im Glück.

Mich erinnert die Geschichte von unserem kleinen Schokoladenschatz im Erdloch an eine Geschichte, die Jesus erzählt. Die über einen Schatz, der zwar nicht im Garten, aber auf einem Acker vergraben lag (Matthäus 13,44ff), und von einem Mann, der zufällig über diesen Schatz stolpert und alles verkauft, was er hat, um den Acker und den Schatz zu kaufen. Manchmal sind wir in Gedanken sehr schnell bei dem, was der Mann alles aufgeben muss, um den Schatz zu heben. Welche Opfer er bringt (er verkauft alles, was er hat) und wie unermüdlich (ohne Pause) er dem Schatz nachjagt.

Aber dann muss ich an meine Kinder denken, mit den bunten Schaufeln in der Hand und funkelnden Augen angesichts der

Aussicht, einen Schatz zu entdecken. Und ich bin mir ziemlich sicher, dass es in dieser Geschichte nicht um das geht, was wir aufgeben müssen, sondern um das, was wir finden können. Mit keinem Satz wird erwähnt, dass dieser Mann traurig über das ist, was er aufgegeben hat, oder auch nur einen Gedanken daran verschwendet. Ganz im Gegenteil! Voller Begeisterung zieht er los, weil er etwas gefunden hat, das so viel größer und kostbarer ist als alles, was ihm bis dahin begegnet ist. Das ihm durch Zufall vor die Füße fiel und seine kühnsten Träume übersteigt.

Ich erinnere mich an leuchtende Augen wegen ein paar Schokoriegeln und frage mich, ob ich vielleicht gar nicht härter arbeiten oder mehr verkaufen muss, sondern einfach ein bisschen in die Schatztruhe spicken sollte.

Die Geschichte erzählt davon, wie ich gerne glauben würde. Mit Abenteuerlust im Herzen und ganz viel Begeisterung. In Zeiten, in denen sich mein Glaube schwer anfühlt nach Arbeit und Opfer, da ist mein erster Impuls, mich einfach ein bisschen mehr anzustrengen. Mehr aufzugeben, härter an mir zu arbeiten, tiefer zu graben. Aber dann gehe ich in meinen Garten. Ich sehe einen kleinen Rosenbusch, den wir in das Erdloch gepflanzt haben, in dem der Schokoladenschatz vergraben war. Ich erinnere mich an leuchtende Augen wegen ein paar Schokoriegeln und frage mich, ob ich vielleicht gar nicht härter arbeiten oder mehr verkaufen muss, sondern einfach ein bisschen in die Schatztruhe spicken sollte. Nur ganz kurz den Deckel heben und neu darüber staunen, was mir da geschenkt wurde.

Denn genau das ist die Geschichte vom (Schoko-)Schatz im Acker, eine Geschichte vom Staunen über einen unbezahlbaren Schatz, der uns gefunden hat.

Matschküche

Ein besonders beliebtes Gartenspielzeug ist die Matschküche. Hier eine superschnelle und einfache Variante: die schmale Trofast-Box von Ikea passt perfekt in eine leere Limonaden- oder Bierkiste. Mit Wasser füllen und schon kann gematscht werden.

TOMATENSAMEN

Ich stehe in der Küche und schneide Tomaten. Heute mit einer ganz besonderen Aufgabe: Ich bereite die Aussaat für das nächste Jahr vor. Denn mitten im Sommer, wenn die ersten Früchte reif werden, muss man daran denken, sich ein paar Samen zu sichern, bevor alle Früchte aufgegessen sind. Vorsichtig drücke ich die kleinen Samen aus dem roten Fruchtfleisch und wasche sie unter einem Sieb. Später werden sie getrocknet und den Winter über aufbewahrt, um im nächsten Frühjahr auf meiner Fensterbank ausgesät zu werden. Wie unglaublich, dass in jedem dieser kleinen Samen eine ganze Tomatenpflanze steckt!

Während ich also die Samen durch das viel zu kleine Sieb rühre, um das letzte Fruchtfleisch loszuwerden, wird mir auf einmal bewusst, wie viele Tomatensamen in so eine winzige Frucht passen. Ich wähle die drei größten und schönsten Früchte aus und hoffe, dass die Pflanzen, die daraus wachsen, genauso schön werden. Ich streiche die Samen auf ein Küchentuch, um sie dort zu trocknen, und denke an all die Salate, Pizzasoßen und Suppen, die daraus entstehen könnten. An den Geschmack von sonnenwarmen Früchten und das leise Knacken, wenn man auf eine kleine Cocktailtomate beißt.

Beim Blick auf das Küchentuch voller Samen wird ziemlich schnell klar, dass – selbst wenn nur die Hälfte davon aufgeht! – unser Beet niemals für all die Pflanzen reichen wird. Und weil ich es einfach nicht übers Herz bringe, Pflanzen wegzuwerfen, findest du bei uns im Garten Tomaten an den komischsten Stellen. Ich quetsche sie zwischen Kürbispflanzen und Zwiebeln und manchmal sogar ins Blumenbeet.

Dann schaue ich genauer hin und werde stutzig. Mir wird auf einmal bewusst, dass in einer einzigen Tomatenpflanze über tausend neue Pflanzen schlummern! Während ich schon mein zukünftiges Tomatenimperium plane, kommt mir eine Geschichte in den Kopf. Jesus erzählt einmal das Gleichnis vom vierfachen Ackerfeld. Da ich kein Ackerfeld, sondern nur ein kleines Tomatenbeet habe, möchte ich es an dieser Stelle umformulieren.

*Eine Tomatengärtnerin fing im Frühling an, Tomaten vorzuziehen. Ein Teil der Samen ging schon bei der Aussaat nicht auf. Ein anderer Teil wuchs zu kleinen Setzlingen, wollte aber im Beet nicht anwachsen und verdorrte. Und wieder andere Pflänzchen wurden von den Schnecken gefressen. Am Ende schaffte es nur ein Viertel der Tomatenpflanzen. Diese aber wuchsen und trugen rote große Früchte voller neuer Samen. Und würde man all diese Samen aussäen und einpflanzen, würden zehn Gärten nicht ausreichen, um ihnen allen Platz zu bieten (*nach Markus 4,3ff.).

In meinem Leben denke ich oft an die Samen, die nicht aufgehen. Die Pflanzen, die erfrieren, umknicken oder es aus anderen unersichtlichen Gründen nicht schaffen. Worte, die unter all den Sorgen keine Luft bekommen, die von gefräßigen Schnecken vertilgt werden und kein Gehör finden. All die lebenspendenden Worte, aus denen keine Tomatenpflanze wird. Und dann versuche ich alles, was in meiner Macht steht, um die letzten Probleme aus dem Weg zu räumen: Ich ackere mich durch felsigen Boden, reiße Dornen aus und frage ängstlich, ob das wohl auch reichen wird. Ob ich genug getan habe.

Aber dort, in meiner Küche, zwischen all den Tomatensamen, habe ich zum ersten Mal nicht die Fehlschläge gesehen, sondern all die Möglichkeiten. Ich habe die gesehen, die aufgehen und die Frucht bringen, einige dreißig-, einige sechzig- und einige hundertfach (Mk 4,20). Die Früchte, die nicht nur irgendwie durchkommen und dann in meiner Tomatensuppe landen, sondern deren Samen für Hunderte von neuer Pflanzen reichen. Vor lauter Angst vor Scheitern und Misserfolg übersehe ich so oft, dass Worte, die aufblühen, so unfassbar viel Leben in sich tragen.

Vor lauter Angst vor Scheitern und Misserfolg übersehe ich so oft, dass Worte, die aufblühen, so unfassbar viel Leben in sich tragen.

Im Frühling werde ich die Samen meiner Tomate aussäen und auf meiner Fensterbank viele kleine Tomatenpflanzen vorziehen. Nicht alle werden aufgehen. Nicht alle werden anwachsen. Aber einige werden aufblühen und

Früchte bringen. Und dann, irgendwann im August, werde ich wieder in meiner Küche stehen und ein paar Samen aus dem roten Fruchtfleisch quetschen. Viel mehr, als ich brauche! Ich werde sie vorziehen und am Ende werde ich so viele übrighaben, dass ich sie an all unsere Freunde und Nachbarn verteilen kann.

Tomatensamen gewinnen

Zwei bis drei schöne und gut ausgereifte Früchte auswählen. Die Samen aus der Tomate holen und in einem kleinen Sieb auswaschen. Dazu am besten mit einem Löffel oder Finger im Sieb rühren, damit sich die Samen gut aus dem glibberigen Fruchtfleisch lösen.

Samen gut abtropfen lassen und auf einem Küchen- oder Backpapier trocknen lassen.

Nach ein paar Stunden die Samen vom Backpapier lösen. Küchenpapier kann im Frühjahr einfach mit eingepflanzt werden.

Dunkel und trocken lagern.

GROSSZÜGIGKEIT

Gott ist verschwenderisch. Ziemlich sicher. Spätestens ein Blick in meinen Garten verrät, dass Gott es liebt, ein wenig zu übertreiben. In einer kleinen Ecke am Zaun wachsen sechs verschiedene Tomatensorten, von murmelklein bist faustgroß, in Gelb, Grün, fast Schwarz und allen Rotschattierungen dazwischen. Und während ich schon über diese Vielfalt staune, ist selbst das nur ein winzig kleiner Ausschnitt aus den Hunderten von Tomatensorten, die es gibt. Der Lavendel blüht und um ihn herum tummeln sich mehr Bienen und Hummeln, als ich zählen kann. Und wenn ich versuche, auch nur einen Bruchteil der Pflanzen zu bestimmen, die sich auf unserer kleinen Parzelle verteilen, bin ich heillos überfordert, denn neben Thymian und Sonnenhut, Pfingstrosen, Hornveilchen, Ringelblumen, Krokussen, Margeriten und Löwenmäulchen wachsen Unmengen von Pflanzen in jeder Größe und Form. Und wenn unser Zwetschgenbaum im September Früchte trägt, dann viel mehr, als wir jemals alleine ernten und essen könnten.

Auch wenn es nur ein winzig kleiner Ausschnitt dieser Welt ist: In meinem Garten bin ich umgeben von der verschwenderischen Schönheit und Großzügigkeit meines Gottes. Was er mir hier schenkt, ist nicht „gerade genug“, sondern viel mehr, als ich entdecken und genießen kann. Manchmal scheint es mir, als ob er mir damit zuflüstert, es auch einmal damit zu versuchen. Und das ist gar nicht so einfach für mich – großzügig zu sein. Mit mir selbst und auch mit anderen. Denn wer weiß schon, was morgen kommt? Also lieber für schlechte Zeiten aufsparen und genügsam sein. Doch manchmal, wenn ich mich mal wieder ängstlich frage: „Was, wenn es nicht reicht? Wenn es am Ende nicht genug ist?“, dann schaue ich in meinen Garten, der voll ist von der Großzügigkeit Gottes, die dafür gemacht ist, weiterverschenkt zu werden. Die Himbeeren müssen gegessen und verteilt werden, sonst vergammeln sie am Strauch. Und wer im Sommer nicht dreimal am Tag Zucchini essen möchte, kann gar nicht anders, als ein paar davon zu verschenken. Stauden, die man teilt, wachsen mindestens auf die gleiche Größe nach und es kostet absolut nichts, ein paar Samen weiterzugeben. Vielleicht liebe ich den Garten deshalb so sehr: Weil er es mir mit seiner Großzügigkeit ein bisschen leichter macht, selbst großzügig zu werden.

Und so sitze ich in unserem Garten, der mit all seiner verschwenderischen Großzügigkeit um sich wirft, ohne an morgen oder nächste Woche zu denken. Der darauf vertraut, dass nachwachsen wird, was er hergibt – spätestens im nächsten Jahr. Und der weiß, dass er dafür gemacht ist, weiterzuverschenken, was in ihm steckt. Wie gerne möchte ich ein bisschen mehr wie unser Garten werden: jemand mit einem großzügigen, Blumen und Himbeeren verschenkenden Herzen, der von der Freigiebigkeit seines Schöpfers erzählt.

Wie gerne möchte ich ein bisschen mehr wie unser Garten werden: jemand mit einem großzügigen, Blumen und Himbeeren verschenkenden Herzen, der von der Freigiebigkeit seines Schöpfers erzählt.

Gartenschätze teilen

Gründet eine WhatsApp-Gartengruppe, in der ihr Samen tauschen, Stauden teilen und Erdbeerableger verschenken könnt.

HÄNGEMATTENTAGE

Ich liege in meiner Hängematte und tue: nichts. Absolut nichts. Was schwerer ist, als es sich anhört.

Denn während der Wind durch die Blätter raschelt, fangen meine Gedanken an zu rasen. Ich sehe all die unfertigen Projekte und Dinge, die noch gemacht werden müssen. Tomaten ausgeizen, ordentlich gießen, verblühte Rosen abknipsen, Unkraut jäten, Randsteine setzen … Und das sind nur die Aufgaben, die im Garten auf mich warten.

So vieles, was es noch zu tun gäbe, und ich liege einfach nur da! Dabei liebe ich es, im Garten zu arbeiten. Es gibt fast nichts Schöneres, als auf ein Beet zu schauen, das man nach ein paar Stunden Arbeit kaum wiedererkennt. Ich mag es, Dinge zu erledigen und zu gestalten und abends müde ins Bett zu fallen in dem Wissen, an dem Tag etwas geschafft zu haben. Und trotzdem liege ich dort in meiner Hängematte.

Denn vor ein paar Jahren habe ich den Sonntag für mich entdeckt. Den Tag, den Gott uns schenkt. An dem wir feiern und ruhen und genießen dürfen. Und das ist so viel schwerer, als ich dachte. Denn wenn all meine Arbeit ruht, dann wird etwas in mir sehr laut: Gedanken, die mir sagen, dass ich es mir nicht leisten kann, mich auszuruhen, Unruhe, Angst, Überforderung, all die unschönen Gefühle, die ich unter der Woche ganz gut im Griff hatte, weil ich mich so beschäftigt gehalten habe. Und das ist auch der Grund, warum ich sonntags nicht einmal im Garten arbeite: Auch wenn es eine Arbeit ist, die ich über alles liebe, will ich nicht schon wieder wegrennen und all die unruhigen Fragen in mir übertönen. Ich will die Unruhe aushalten und die Antreiber, die mich fragen, wer

Weil ich fest daran glaube, dass uns Gott diese wöchentlichen Hängemattentage schenkt, damit wir eine Antwort auf genau diese Fragen finden: Ich bin nicht das, was ich tue, sondern diejenige, die ich durch ihn bin.

ich denn überhaupt bin, wenn ich nichts vorzuweisen habe, weil ich fest daran glaube, dass uns Gott diese wöchentlichen Hängemattentage schenkt, damit wir eine Antwort auf genau diese Fragen finden: Ich bin nicht das, was ich *tue*, sondern diejenige, die ich *durch ihn bin*. Ich bin geschaffen (Mose 20,8-11) und gerettet (Mose 5,12-15).

Manchmal ist das Schwerste, was wir tun können, einen Tag all die Arbeit ruhen lassen und nichts zu tun. Und wenn ich ehrlich bin, dann kämpfe ich immer noch damit. Aber trotzdem versuche ich es jede Woche aufs Neue, denn ich will lernen, dass ich nicht arbeite, um jemand zu sein, sondern weil ich schon längst weiß, wer ich bin.

Obst und Gemüse für Faule

Hier meine liebsten Obst- und Gemüsesorten, die (fast) keine Arbeit machen und mehr Zeit für Hängemattentage lassen:

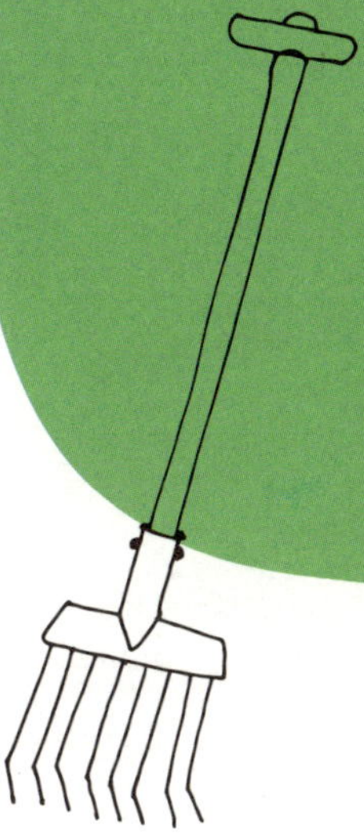

- Rhabarber
- Johannisbeersträucher
- Knoblauch
- Zwiebeln
- Kartoffeln
- mehrjährige Kräuter

BROKKOLI-FEHLSCHLÄGE

Vor mir steht ein großer grüner Brokkoli Strunk und ich fange laut an zu lachen: Hier im Beet steht der hässlichste Brokkoli, den ich je gesehen habe! Statt voller kleiner, kompakter Blütenstände ist die Spitze völlig deformiert. Viel Stängel, wenig Gemüse. Der Brokkoli ist so hinüber, dass es sich nicht einmal lohnt, ihn zu ernten. Ich mache ein Foto für all meine Freunde und nennen es liebevoll mein kleines Brokkoli-Desaster. Noch Wochen später lache ich, wenn ich an den kleinen verunstalteten Brokkoli in meinem Garten denke, der so was von danebenging.

Aber das kleine Brokkoli-Debakel ist nicht der einzige Fehlschlag in meinem Garten. Nach fünf Jahren und unzähligen vergeblichem Versuchen, Dill anzubauen, ist nicht einmal ein einziges Körnchen aufgegangen. Die Karotten, die in manchen Gartenratgebern als „Anfängergemüse" bezeichnet werden, haben es bei mir maximal auf die Größe eines Fingernagels geschafft und die Heidelbeeren, die ich voller Stolz gepflanzt habe, sind kläglich verdorrt. Drei Jahre hintereinander. An all die vielen Blumen, die in meinen Beeten vertrocknet sind, will ich gar nicht denken. Ach, und das ist nur ein kleiner Auszug von den Dingen, die in meinem Garten nicht funktionieren.

Doch zwischen all den blühenden Ecken, den gut gefüllten Erntekörben und den vollen Gemüsebeeten fallen die Rückschläge nicht weiter auf. Spätestens ein Jahr später wächst die Lücke zu und der Salbei erobert sich den Platz, der für den Dill vorgesehen war. Ich kaufe neue Blumen und statt Brokkoli gibt es eben Zucchini.

Das ist das Schöne an der Gartenerfahrung: Während ich mich in den ersten Jahren bei misslungenen Pflanzversuchen noch als völligen Vollversager betrachtet habe, zucke ich heute nur mit den Schultern. War halt kein Tomatenjahr, dann eben nächstes Jahr wieder. Die Sonnenblumen sind nicht aufgegangen? Stimmt, ich hätte ein bisschen mehr gießen sollen. Die Gurke ist verschrumpelt? Komisch, letztes Jahr hat sie noch Vollgas gegeben. Na ja, was soll's.

Und dann stehe ich auf und mache weiter. Ernte, was aufgegangen ist, und probiere es im nächsten Jahr wieder. Oder lass es sein. Wie die Heidelbeeren und den Dill, bei denen habe ich aufgegeben.

> Ach, wie gerne möchte ich eine Lebensgärtnerin werden, die sich von Fehlschlägen nicht unterkriegen lässt.

Manchmal ist es gut, sich zu fragen, warum etwas nicht geklappt hat (falscher Standort, zu wenig oder zu viel Wasser, nicht gedüngt), um es im nächsten Jahr besser zu machen. Aber auf keinen Fall sollte man sich davon verrückt machen lassen. Manches klappt einfach nicht und das ist auch nicht weiter schlimm. Ich wünschte, ich könnte überall im Leben so entspannt mit Rückschlägen umgehen. Sie als normalen Teil des Lebens sehen, für die man sich weder schämen noch sich fertigmachen muss.

Während ich mein Brokkoli-Debakel lachend mit den Menschen um mich herum geteilt habe, saß ich alleine weinend in der Küche, als Absagen für einen neuen Job kamen. Statt den Dreck abzuklopfen und es einfach weiter zu versuchen, mit den Schultern zu zucken und zu sagen: „War vielleicht einfach kein Tomatenjahr, schade!", kamen die Zweifel und die Scham.

Ach, wie gerne möchte ich eine Lebensgärtnerin werden, die sich von Fehlschlägen nicht unterkriegen lässt. Die trotzdem weiter sät und erntet, die gießt und mulcht. Die auf das Beste hofft, aber mit Fehlschlägen als normalem Teil des Lebens umgehen kann. Und die sie nicht verstecken muss. Denn immer, wenn andere Menschen ihre Fehlschläge und Umwege mit mir teilen, dann atmet etwas in mir auf. Ich bin nicht alleine damit! Manchmal verirren wir uns in

Brennnesseljauche

Einen Eimer (kein Metall!) zur Hälfte mit Brennnesseln füllen und mit Wasser aufgießen. Abdecken und 2-3 Wochen gären lassen. Von dem Gestank nicht abschrecken lassen! Anschließend die Jauche in einen geschlossenen Behälter abfüllen und bei Bedarf verdünnt (1:10) als Pflanzendünger verwenden.

dem Glauben, wir seien die Einzigen, denen etwas misslingt. Und deshalb sollten wir viel öfter und öffentlicher darüber reden: über Gebete, die nicht erhört wurden, Geschichten, in denen wir uns nicht besonders heldenhaft hervorgetan haben, verpasste Chancen und vermasselte Gelegenheiten. Tage, an denen wir versagt haben, und Träume, die zerplatzt sind. Wir sollten öfter darüber sprechen, wie man gut scheitert und mit Fehlern umgeht, denn auch wenn ich es mir anders wünschen würde, sind sie doch Teil dieses Lebens.

Und eines, das hat mich der Garten gelehrt: Die Lücken bleiben nicht lange leer. Auch wenn die Sonnenblumen nicht aufgehen, wird im nächsten Jahr etwas anderes hier wachsen. Wie dieses Buch, das es nicht gäbe, hätte es damals mit dem Job geklappt.

MIT JESUS AM LAGERFEUER

Leise knacken die feuchten Holzscheite. Es riecht nach Rauch und Stockbrot. Wir halten die mit Teig umwickelten Stöcke ins Feuer und vergessen sie zu drehen. Nach ein paar Minuten ist das Stockbrot fertig. Genau so, wie es sein muss: außen verbrannt und innen noch teigig, mit einem großen Klecks Nutella mittendrin. Immer, wenn ich am Lagerfeuer sitze, muss ich an eine Geschichte denken, die von Jesus und seinen Freunden erzählt.

Es ist ein paar Tage nach der Auferstehung Jesu. Nach einer ersten kurzen Begegnung überrascht er sie am See Genezareth. Er begegnet ihnen so, wie er sie kennengelernt hat: mit einem Fischwunder nach einer erfolglosen Nacht. Später sitzen sie gemeinsam am Feuer, braten Fische und frühstücken. Sie lachen, reden, weinen und sind einfach mit Jesus zusammen. Dann spricht Jesus mit Petrus über seinen Verrat, über Liebe und Vergebung und vertraut ihm das Wertvollste an, was er hat: seine Freunde. Und anschließend fordert er seine Jünger ein letztes Mal auf: Folgt mir nach!

Dort am Lagerfeuer finde ich so viele kleine Andeutungen davon, die von der großen Liebe Jesu zu seinen Freunden erzählt. Und so viel davon, wie ich mir Kirche wünschen würde. Denn ich wünschte, unsere Kirchen wären ein bisschen mehr wie Lagerfeuerabende.

Denn ich wünschte, unsere Kirchen wären ein bisschen mehr wie Lagerfeuerabende.

Statt auf harten Bänken und Stühlen in stickigen Gemeindesälen und kalten Kirchen könnten wir im Gras sitzen, in der Mitte ein Feuer, das uns wärmt. Statt Wissen anzuhäufen, könnten wir ehrliche Gespräche führen und Stockbrot (und Marshmallows!) rösten. Wir könnten reden, über Verrat und Versagen. Dann könnte jemand aufstehen und wir könnten Brot und Wein teilen und uns an Vergebung und Neuanfang erinnern.

Wie das wohl wäre, wenn wir ein bisschen mehr im Kreis und weniger in Reihen säßen und, wenn es langsam dunkel wird, für einen Moment unsere Masken fallen lassen dürften. Und dann merkten, dass wir nicht alleine sind. Mit unserer Dunkelheit und unseren Kämpfen.

Dort, am Lagerfeuer, da könnten wir uns erzählen, wie das war, als Jesus uns das erste Mal begegnet ist und uns zugerufen hat: Folge mir nach! Und darüber sprechen, dass es manchmal gar nicht so einfach ist, Jesus nachzufolgen.

Und dann würden wir ein bisschen näher zusammenrücken, weil es das ist, was man tut, wenn die Nächte kalt und dunkel sind. Und weil es schön ist, beieinander zu sein. Ja, ich wünschte, unsere Kirchen wären ein bisschen mehr wie Lagerfeuerabende, aber vielleicht braucht es dafür ja gar nicht viel. Nur ein paar Holzscheite, eine Handvoll Jesus-Freunde und ein wenig Auferstehungsglaube.

Stockbrotrezept für Lagerfeuernächte

400 g Mehl

½ Würfel frische Hefe

etwas Salz

2-3 EL Olivenöl

220 ml Wasser

Alles miteinander verrühren und gut kneten. Anschließend 30 Minuten an einem warmen Ort gehen lassen. Kleine Portionen vom Teig abnehmen und um einen angespitzten Stock wickeln. Über das Feuer halten, bis sich der Teig bräunlich verfärbt. Schmeckt am besten mit Marmelade, Schokocreme oder herzhaft mit Würstchen oder Dips.

LEARNING BY DOING

Im Garten lernt man die Dinge einfach, indem man sie tut; nicht lange nachdenkt, sondern loslegt und dann schaut, was passiert. Du willst wissen, wie Kartoffeln wachsen? Einfach in die Erde damit! Wann sind die Äpfel erntereif? Reinbeißen und probieren, ob sie schon schmecken. Warum bauen alle Nachbarn Rankhilfen für ihre Gurken? Keine Ahnung – aber nachdem meine Pflanzen wochenlang im Dreck lagen und all die Früchte gegammelt sind, weiß ich, dass das durchaus Sinn ergibt.

Wie man am besten Gärtnern lernt? Einfach loslegen! Das meiste klärt sich von allein. Um alle offenen Fragen kann man sich kümmern, wenn es dann so weit ist. Wer ganz besonders schnell lernen will, darf keine Angst vor Fehlern haben. Und wer sich mit einer netten älteren Nachbarin anfreundet, der bekommt die besten Tipps und ab und zu sogar ein paar Bohnen geschenkt.

„Learning by Doing", Dinge lernen, einfach indem man loslegt und dann im Machen lernt, wie sie funktionieren, darum kommt man im Garten nicht herum. Gärtner bist du nämlich erst, wenn du die Kartoffeln tatsächlich in die Erde legst und eine Schaufel in die Hand nimmst.

„Learning by Doing", das ist auch etwas, wovor ich mich nur allzu gerne drücke. Denn eigentlich lerne ich viel lieber sicher an meinem Schreibtisch. Lese erst zwanzig Bücher, bevor ich selbst loslege. Was ich beim „Learning by Doing" so hasse, ist, dass mir jeder beim Lernen zuschauen kann. Jeder kann meine ersten stümperhaften Versuche sehen, niemand bleibt verborgen, wie ich die typischen Anfängerfehler begehe. Ich versage für alle sichtbar auf dem Präsentierteller. Und das ist mir peinlich. Doch wie sind wir eigentlich

Doch wie sind wir eigentlich auf die Idee gekommen, dass wir Dinge gleich beim ersten Mal können müssen? Wann haben wir aufgehört, uns zu erlauben, schlecht bei etwas zu sein und es dennoch zu tun?

auf die Idee gekommen, dass wir Dinge gleich beim ersten Mal können müssen? Wann haben wir aufgehört, uns zu erlauben, schlecht bei etwas zu sein und es dennoch zu tun? Warum denken wir, Fehler wären etwas, das es um jeden Preis zu vermeiden gilt? Eigentlich sind sie die wichtigsten Helfer in unserem Lernprozess und wenn wir sie ständig vermeiden wollen, werden wir auch nicht allzu viel dazulernen.

Ich finde, der Garten ist der perfekte Ort, um das auszuprobieren. Er vergibt viel: Abgeschnittenes wächst wieder nach, Ausgerupftes kann man wieder einpflanzen und selbst tagelange Gießpausen werden verziehen. Hier im Garten kannst du nicht viel kaputt machen und egal, wie viele Fehler dir unterlaufen, irgendwas wächst immer. Oft lässt er dir auch keine andere Wahl. Der Apfelbaum wartet nicht, bis du fertig recherchiert hast, wie und wann man am besten Äpfel erntet. Die Erntezeit kommt, wann sie will, und entweder bist du bereit oder du musst matschige Äpfel vom Boden lesen und darfst aus deinem Fehler lernen. Es heißt, man müsse etwas 10.000 Stunden tun, um wirklich gut darin zu werden. 10.000 Stunden! Und ich fühle mich schon als Versager, wenn etwas beim dritten Versuch nicht klappt.

Im Garten lerne ich genau das: einfach mal anzufangen und dass die ersten Versuche nicht gut sein müssen, sondern dass es darum geht, loszulegen und zu vertrauen, dass man den Rest unterwegs lernen wird. „Learning by Doing." Eigentlich bin ich ziemlich schlecht darin. Aber zum Glück ist auch das etwas, was man unterwegs, im Machen, lernen kann.

Vorher / Nachher

Bei größeren Projekten unbedingt Vorher- Nachher Fotos machen. Zu sehen, was man geschafft und verändert hat, ist eine tolle Motivation fürs nächste Projekt und eine schöne Erinnerung.

ZELTEN IM GARTEN

In meiner Vorstellung war alles ganz idyllisch. Zusammen mit unseren Jungs wollten mein Mann und ich in unserem Garten zelten. Wir würden bis abends am Lagerfeuer sitzen, Würstchen grillen und während die Kinder sich in ihre neuen Schlafsäcke kuscheln, würden Daniel und ich uns bei einem Glas Wein einen gemütlichen Abend machen. Am Morgen würden wir auf dem Campingkocher Kaffee kochen und dann kurz zum Bäcker radeln. Und meine Jungs, die würden so lange betteln, bis wir noch eine zweite Nacht dranhängen. In meiner Vorstellung.

In Wirklichkeit lief es ganz anders ab. Das Grillen war eine mittlere Katastrophe und die Stimmung auf dem Tiefpunkt, weil keine anderen Kinder in der Gartenanlage zu finden waren. Als wir sie nach langem Genörgel endlich im Bett hatten, waren wir selbst so erledigt, dass wir unseren Wein in fünf Minuten runterkippten und frustriert schlafen gingen. Die Nacht selber war so eisig kalt, dass einer nach dem anderen in die Gartenhütte floh. Dabei stolperten wir dann noch über die Nacktschnecken, die die Gelegenheit genutzt hatten und ihre eigene kleine Party in unserem Vorzelt feierten. Um fünf Uhr war die Nacht auch schon vorbei und die Kinder wach. Schreiend rannten sie durch unseren Garten, bis es auch sämtliche Nachbarn waren. Unser idyllisches Zeltabenteuer endete mit einem Wutausbruch meinerseits und dem Beschluss, alles einzupacken und unser Abenteuer sofort abzubrechen.

Es war kalt, es war ungemütlich – und ich habe fest vor, es zu wiederholen!

Denn auch wenn alles so ganz und gar nicht wie in meiner Vorstellung lief, so erinnert mich das gemeinsame Zelten im Garten an einen jüdischen Feiertag, von dem ich fasziniert bin, seitdem ich von ihm gelesen habe: das Laubhüttenfest. Sieben Tage lang sollten die Israeliten in den Laubhütten wohnen, um sich so an die Zeit zu erinnern, als Gott das Volk aus Ägypten geführt und sie keine festen Häuser hatten (Levitikus 23, 39-43). Einmal im Jahr sollten sie ihre festen Wohnungen und Sicherheiten verlassen, um nachzuerleben, wie das damals in der Wüste war, als sie so völlig angewiesen waren auf Gottes Schutz und seine Versorgung.

Mich fasziniert an diesem Feiertag so sehr, dass Gott den Israeliten das alles nicht theoretisch erklärt, sondern es sie selbst erleben lässt. Er will, dass sie beim Einschlafen durch das Blätterdach den Sternenhimmel sehen, in der Nacht das Gras rascheln hören und am Morgen von einem plötzlich einsetzenden Regenschauer überrascht werden.

Ganz so mutig, in einer selbst gebauten Hütte zu übernachten, waren wir zwar nicht, aber unser Campingabenteuer lässt mich ein bisschen was von diesem Fest erahnen. Denn wenn ich nachts den Regen gegen die Zeltwände prasseln höre, der Wind daran rüttelt und ich morgens durch das taunasse Gras schlurfe und eine halbe Ewigkeit brauche, um mir auf dem Campingkocher einen Kaffee zu machen, dann wird mir so vieles bewusst, was ich in meinem gemütlichen Wohnzimmer nicht erlebe.

Ich staune über Gottes Größe unter den Sternen und unsere Abhängigkeit von ihm. Auf einmal werden all meine Pläne und Sicherheiten, die an meinem Schreibtisch noch so wichtig und klug aussahen, ganz klein. Die Nacht im Zelt rückt meine Sicht aufs Leben zurecht. Sie erinnert mich an das, was wichtig ist, und daran, dass ich viel weniger in der Hand habe, als ich mir oft einbilde. Und dass das gar nicht so schlimm ist, weil es in den Händen dessen liegt, der die Sterne, die Berge und das Meer gemacht hat.

Sternschnuppen

In der ersten Augusthälfte kann man die Perseiden beobachten und dabei besonders viele Sternschnuppen beobachten – also der perfekte Zeitpunkt fürs Sterneschauen im Garten.

neukirchener
Mini-Auslese
Tina Willms
Licht-gewand & Alltags-kleid
Engeln auf der Spur
Geschichten & Gedichte
gemeinsam geborgen – Gedanken aus dem Abenteuer Familie
ALLE KINDER BIBEL 2
neukirchener
Erhältlich in Ihrer Buchhandlung

Spiritualität & Glaube

Tina Willms

Lichtgewand und Alltagskleid

Engeln auf der Spur: Tina Willms nimmt uns mit in ihre schönsten Geschichten, Gedichte, Gebete und Segensworte, in denen es um diese wundersamen und wundernahen Himmelsgesandten geht, die oftmals ein überraschend menschliches Antlitz haben. Eine wunderschön gestaltete Sammlung mit neuen und beliebten Texten.

geb., durchg. zweifarbig gestalt., 128 S.

ISBN 978-3-7615-7033-3

€ 16,00

Okko Herlyn (Hg.) / Hanns Dieter Hüsch

Ein Glück, dass es den Himmel gibt

Diese Sammlung von Hanns Dieter Hüschs eindrucksvollsten Psalmen, Gebeten und geistlichen Gedanken beweist, dass die humorvollen, zutiefst gläubigen und zugleich politisch-kritischen Texte der Kabarett-Legende nichts an Aktualität verloren haben. Zusammengestellt von Okko Herlyn und mit persönlichen Erinnerungen versehen.

geb., 111 S.

ISBN 978-3-7615-7042-5

€ 15,00

S. Keshtkaran, A. Schwarz, K. Weck

Ein neuer Herzschlag

Worte, die dich halten, während du dein Kind hältst: Dieses ermutigende Buch von Müttern für Mütter begleitet durch Schwangerschaft, Wochenbett und das erste Jahr. Mit einfühlsamen Texten und authentischen Erfahrungsberichten von Frauen, die ein Gefühl des Zusammenhalts unter Müttern schaffen. Wunderschön gestaltet mit stimmungsvollen Fotografien ist es auch ideal als Geschenk.

geb., durchg. farbig gestalt., 240 S.

ISBN 978-3-7615-7037-1

€ 22,00

Daniela Mailänder (Hg.)

Kirche Kunterbunt – Das Familien-Wimmel-Glauben-Entdecken-Buch

Kindern den Glauben im Alltag vermitteln und gemeinsam mit Anderen geistlich auftanken: Das wünschen sich viele Eltern. Dieses Buch enthält 7 komplett geplante Treffen für 2 bis 3 Familien mit Aktiv- und Kreativzeit, Impulstexten und Fragen für Groß und Klein und vielem mehr. So erleben Kinder und Erwachsene gemeinsam den Glauben. Frech, wild und wunderbar.

geb., durchg. farbig gestalt., 96 S., mit beiliegendem Wimmelbildplakat

ISBN 978-3-7615-7034-0

€ 16,00

Christina Herr

Die Strandspürnasen – Mein Freundschaftsbuch

Ein kreatives Freundschaftsbuch für Kinder ab 8 Jahren mit 25 fröhlich gestalteten Steckbrief-Seiten zum Ausfüllen und mit vielen Extras wie einem Geburtstagskalender, einem Rezept für Pannenkoeken und einer großen Pinnwand. Ein tolles Erinnerungsalbum – mit Illustrationen aus der beliebten Strandspürnasen-Reihe!

geb., mit farbigen Illustrationen und Freundschaftspostkarte, 80 S.

ISBN 978-3-7615-7024-1

€ 14,00

Daniela Albert

Anlauf nehmen fürs Leben

Ein hilfreicher Ratgeber für Eltern von Grundschulkindern und Pre-Teens: Daniela Albert begleitet durch die herausfordernde Zeit von der Einschulung bis zur Pubertät. Mit einer Mischung aus wissenschaftlichen Erkenntnissen und persönlichen Geschichten bietet sie fundierte, christlich-bedürfnisorientierte Unterstützung für den Familienalltag.

Klappenbroschur, 206 S.

ISBN 978-3-7615-7035-7

€ 18,00

Susanne Roll

Paula – Das geht sowas von gar nicht!

Paulas beste Freundin wird in der Schule gemobbt. Da erzählt Paulas Uropa ihr eines Tages aus seiner Jugend im Widerstand gegen das Unrechtsregime der Nazis und von Paul Schneider, dem „Prediger von Buchenwald". Kann auch Paula für ihre Überzeugungen einstehen? Ein dringend gebrauchtes Buch gegen das Vergessen. Ab 10 Jahren.

geb., 192 S.

ISBN 978-3-7615-7025-8

€ 16,00

Andrea Karimé, Anna Lisicki-Hehn

Alle-Kinder-Bibel 2

Diese 28 Bibelgeschichten aus dem Ersten und Zweiten Testament sind erneut rassismus- und vielfaltssensibel, einfühlsam und kindgerecht erzählt für das Vor- und Grundschulalter. Die Illustrationen zeigen Held:innen, mit denen sich Kinder mit unterschiedlichen Erfahrungen und Hintergründen identifizieren können. Mit unterstützendem Online-Zusatzmaterial. Auch als Hörbuch erhältlich!

geb., mit farbigen Illustration, 128 S.

ISBN 978-3-7615-7053-1

€ 20,00

Aktiv in Gemeinde & Gesellschaft

Julia Schönbeck
Nicht ohne uns

Warum eine inklusive Kirche mehr braucht als Rollstuhlrampen und auf welche Weise Menschen mit Behinderung in Kirche und Gemeinde diskriminiert werden, davon schreibt Julia Schönbeck vor dem Hintergrund ihrer fachlichen und ihrer persönlichen Erfahrungen und ruft zum Handeln auf. Mit konstruktiven Anregungen ermutigt sie, Inklusion zu leben statt nur davon zu sprechen.

Klappenbroschur, 176 S.
ISBN 978-3-7615-7030-2
€ 18,00

Thorsten Dietz, Tobias Faix
Transformative Ethik – Wege zur Liebe

Sexualethische Fragen haben persönlich und auch politisch große Sprengkraft. Dieses Buch stellt viele dieser Herausforderungen in den aktuellen gesellschaftlichen und wissenschaftlichen Kontext, klärt sie begrifflich und geht ihnen biblisch-theologisch nach. Das Ziel: Lesenden Werkzeuge zur Lösung moralischer Konflikte an die Hand geben. Eine Sexualethik zum Selberdenken.

IST-Reihe Band 2.2, geb., 432 S.
ISBN 978-3-7615-7038-8
€ 30,00

Karsten Böhm
Mutig vorwärts stolpern

Gemeinden haben es gerade nicht leicht zu wachsen. Doch es gibt sie: die gegen jeden Trend wachsenden Gemeinden. Von deren ungewöhnlich guten Ideen und hilfreichen Konzepten erzählt Pfarrer Karsten Böhm und teilt Geschichten, Erfahrungen, Fehler und Erfolge für die Gemeindepraxis. Ein Buch, das zum Nachmachen motiviert.

Klappenbroschur, 208 S.
ISBN 978-3-7615-7051-7
€ 22,00

Tobias Bernhard, Johannetta Cornell
Ein Platz zum Sein

Mit praxiserprobten Ideen und Impulsen ist dieses Buch Inspiration, Hilfe und Motivation für alle, die in der Konfi-Arbeit (mit) Verantwortung tragen und diese lebensnah und im jeweiligen Kontext gestalten wollen. Und es ist ein Buch für alle, die sich ernsthaft Gedanken um Gemeindeentwicklung machen, denn Konfis sind weder Nebensache noch Zukunft – sie sind Teil von Gemeinde.

kart., 192 S., mit Downloadmaterial
ISBN 978-3-7615-7050-0
€ 24,00

Jochen Arnold, Lars Hillebold (Hg.)
Abendmahl schmeckt wieder

In 24 Beiträgen stellen erfahrene Praktiker:innen die Vielfalt evangelischer Abendmahlsfeiern vor und kommen sowohl dem Wunsch nach vertrauten Ritualen, nach einfachen, verständlichen Formen als auch nach neuen, kreativen Inhalten, Formaten und Orten nach. Neben der konkret beschriebenen Liturgie wird auch von Entstehung und Reaktion berichtet.

kart., 184 S., mit Downloadmaterial
ISBN 978-3-7615-7048-7
€ 22,00

Stefan Claaß, Raphael Zager (Hg.)
Anders glauben – Gemeinsam feiern

Innerhalb von Familien kommt es immer öfter vor, dass nicht alle dem Christentum, sondern auch einer anderen Religion angehören – z.B. bei Hochzeiten, Beerdigungen oder anderen Gottesdiensten und Lebensbegleitungen. Ist es möglich gemeinsam zu feiern? Und wenn ja, wie? Ein Praxisbuch für bireligiöse Feiern in Familie und Gemeinde mit vielfältigen Beiträgen und erprobten Texten und Liturgien.

kart., 144 S., mit Downloadmaterial
ISBN 978-3-7615-7049-4
€ 20,00

Daniel Sikinger

Mitten hinein

Vom Geheimnis Gottes im [...] ist für alle, die nach mehr T[...] innerer Ruhe suchen – ohne [...] Alltag komplett verlassen zu [...] Sikinger lädt ein, Gott und sich [...] dort zu finden. Mit Erkenntnisse[...] von Mystikern und modernen Qu[...] Theologe, Journalist und Familie[...] in die Stille einzutauchen.

Klappenbroschur, 144 S,.

ISBN 978-3-7615-7028-9

€ 18,00

Andreas Sonnhüter

Du sollst dieses Buch nicht zerstören

Ihr könntet nie ein Buch zerstören? Oh, ihr Ungläubigen! Dieses christliche Kreativbuch beweist mit viel Einfallsreichtum, wie viel Schöpfungskraft im Zerstören liegt! Mit witzigen und ungewöhnlichen Aufgaben, die Spaß machen und zum Nachdenken anregen. Für alle, die den eigenen Glauben nicht zu ernst nehmen.

geb., durchg. s/w gestalt., 160 S., mit Gummiband u. Postkarte

ISBN 978-3-7615-7032-6

€ 16,00

Christof Lenzen

Gesund beten statt gesundbeten

Für alle, die das Beten neu entdecken möchten: Christof Lenzen zeigt Wege, belastende Glaubensbilder und toxischer Spiritualität loszulassen und neue Freude am Gebet zu finden. Mit Übungen und Impulsen, die helfen, den eigenen Glauben weiterzudenken und einen authentischen Zugang zu Gott zu entwickeln.

Klappenbroschur, 255 S.

ISBN 978-3-7615-7026-5

€ 20,00

Anna Böck (Hg.)

gemeinsam geborgen

Ein Andachtsbuch für Eltern mitten im Abenteuer Familie – ehrlich, humorvoll und tiefgründig. 48 Autor:innen aus verschiedenen Familienkonstellationen laden dazu ein, den Alltag kurz zu unterbrechen, einen neuen Blick auf Glauben und Familienwelt zu wagen und auch mal über den Tellerrand zu schauen. Ideal für die 5 Minuten auf der Toilette oder vor dem Einschlafen.

geb., 160 S.,

ISBN 978-3-7615-7040-1

€ 18,00

9461

Talk-Box

C. Filker, H. Schott, K. Ebel
Talk-Box Vol. 21 – Bibel

Persönlich, ehrlich, überraschend: Wer so spielend leicht über Bibel und Glauben ins Gespräch kommt, erfährt auch viel über sich und die anderen. Keine Bibelkenntnisse nötig dank QR-Codes zu den Texten.

Metalldose mit 120 Impulskarten
ISBN 978-3-7615-6988-7
€ 18,50*

Ihre Buchhandlung freut sich auf Ihre Bestellung!

Neukirchener Verlagsgesellschaft mbH, Neukirchen-Vluyn. Stand Feb 2025. Alle angegebenen Preise sind in Deutschland gebundene Ladenpreise, sofern sie nicht mit einem * als unverbindliche Preisempfehlung gekennzeichnet sind. In Österreich und der Schweiz gelten abweichende Preise. Preisänderungen, Irrtümer und Liefermöglichkeiten vorbehalten.

neukirchener

Leben aus dem Einen!

Irmgard Weth
Neukirchener Kinde

154 Geschichten und au
lassen Kinder die Welt de
Mit ihrer besonderen Erzäh
am Bibeltext orientiert und de
gemäß – ist die Neukirchener K
seit Jahren beliebt und bewährt i
Schulen und Gemeinden.

geb., mit farbigen Bildern v. Kees de Kort, 328
ISBN 978-3-920524-52-8
€ 18,00

SOMMERREGEN

Drückende Schwüle liegt seit dem Morgen über dem Tag. Fast drei Wochen lang hat es nicht mehr geregnet. Die Hitze staut sich in unserer kleinen Wohnung und auch die Nächte bringen keine Abkühlung. Im Garten ist der Rasen schon längst braun und verbrannt, mittlerweile haben sich tiefe Risse in der trockenen Erde gebildet. Die Brombeeren hängen versengt am Strauch. Die angekündigten Schauer der letzten Tage sind ausgeblieben. Alles in mir sehnt sich nach Regen. Und da wird mir bewusst, wie sehr mich der Garten verändert hat: Vor ein paar Jahren noch wären mir die regenarmen Wochen nicht weiter aufgefallen. Vielleicht hätte ich sogar genervt aufgestöhnt, wenn er gerade auf das lange geplante Sommerfest gefallen wäre. Heute bange ich jeden Sommer, wenn es manchmal wochenlang nicht regnen will. Dann heißt es, sich abends aufs Fahrrad schwingen (oder den Mann schicken) und gießkannenweise Wasser schleppen, bis die Regentonne leer und die Arme müde sind.

Regen. Schon sehr früh haben Menschen damit Gottes Segen verbunden. Damals, als es noch keine Rasensprenger und automatische Bewässerungssysteme gab. Als lange Dürrezeiten monatelanger Hunger und Not bedeuteten. Wie noch heute in vielen Teilen der Welt, wo Menschen sich bewusst sind, wie abhängig sie vom Regen sind und dem, der es regnen lässt.

Vielleicht ist der Segen Gottes wirklich wie ein warmer Sommerregen, der harten, rissigen Boden aufbricht und wieder weich und formbar macht.

Vielleicht ist der Segen Gottes wirklich wie ein warmer Sommerregen, der harten, rissigen Boden aufbricht und wieder weich und formbar macht. Der Verdorrtem wieder Kraft gibt und Leben ermöglicht. Endlich fallen die ersten Tropfen. Leise trommeln sie gegen die Fensterscheibe. Während der Regen immer stärker und stärker wird, jubelt etwas in mir: „Regen! Endlich Regen!“ Eine Weile noch stehe ich am Fenster, bis mir die Wäsche auf dem Balkon einfällt. Als ich sie endlich ins

Trockene gerettet habe, bin ich selbst pitschnass. Es riecht nach Sommerregen auf warmem Asphalt.

Einen kurzen Moment denke ich, wie gerne ich mich dazustellen würde. Auch in mir ist so vieles hart und rissig geworden. Nach einer langen Durststrecke fühle ich mich wie ausgetrocknet und mein Herz lässt schon seine Blätter hängen. Und wie schön wäre es, sich einfach unter eine Segensdusche stellen zu können. Mich überspülen zu lassen mit all den guten Worten und Gedanken, die Jesus über mich hat, und sie tief in mein Herz sickern zu lassen. Und warum eigentlich nicht? Also schnappe ich mir meine Schuhe und renne los. Raus in den warmen Sommerregensegen!

Giesstipps für regenarme Sommer

- Lieber seltener und dafür gründlich gießen.

- Wer regelmäßig hackt, muss nur halb so viel gießen, weil der Boden das Wasser besser aufnehmen kann.

- Mulchen z. B. mit Rasenschnitt oder Hackschnitzel verhindert, dass das Wasser schnell wieder verdunstet.

- Den Boden nicht „nackt" lassen, lieber mit Bodendeckern oder Zwischensaaten bepflanzen (ich fülle alle Lücken mit Ringelblumen).

- Schon beim Pflanzen darauf achten, zu Blumen zu greifen, die mit wenig Wasser auskommen

- Eine Regentonne aufstellen und das Regenwasser auffangen.

Weißt du, wo das Licht herkommt
und von wo der Ostwind loszieht?
Wie gelangt man dorthin?
Wer schafft den Regenfluten eine Bahn, wer ebnet Blitz
und Donner den Weg, damit Gewitterregen niedergehn
auf unbewohntes Land, über unwegsame Wüsten,
damit die ausgedörrte Steppe durchtränkt wird und
frisches Grün aus dem Boden sprießt?
Hat der Regen einen Vater?
Wer lässt den Tau entstehen?
Wer bringt Eis und Frost hervor, wenn das Wasser hart
wird wie Stein, wenn Seen und Flüsse zugefroren sind?
Knüpfst du die Bänder des Siebengestirns,
kannst du den Gürtel des Orion öffnen?
Lässt du die Sternbilder erscheinen, je nach Jahreszeit,
bringst du den Großen und den Kleinen Wagen herauf?
Hast du die Gesetze des Himmels entdeckt, und kannst
du sie auf die Erde übertragen?
Rufst du den Wolken einen Befehl zu, damit sie
Regen auf dich herabströmen lassen?
Schleuderst du die Blitze in ihr Ziel? Sagen sie:
›Wir stehen dir zu Diensten‹?
Wer lässt die Wolken wohlgeordnet ziehen?
Wer bestimmt das Wetter nach einem weisen Plan?
Wer ist so klug, dass er die Zahl der Wolken kennt?
Wer schüttet ihr Wasser auf die Erde nieder,
wenn dort der Boden hart geworden ist wie Eisen und
die Schollen aneinander kleben?

(Hiob 38, 24-38)

FEIERABENDBIER

Erschöpft und mit hochrotem Kopf sitze ich auf der Bank im Schatten. Meine Hände haben Blasen und an mir klebt ein Gemisch aus Schweiß, Erde und Sonnencreme. Mir tut alles weh, als mein Mann sich zu mir setzt und mit mir einem kurzen Zischen ein kaltes Radler in die Hand drückt. Feierabend! Kurz will ich rebellieren und all die Dinge aufzählen, die ich heute nur noch ganz schnell fertigmachen möchte. Aber dann lass ich es gut sein. Und während wir so nebeneinandersitzen, schweift mein Blick über all die Dinge, die wir heute geschafft bekommen haben: die Kinderecke entrümpelt, Tomaten ausgegeizt, gemulcht, gegossen und säckeweise Efeu aus der Erde gezogen. „Gut haben wir das gemacht", sag ich. „Ja, das haben wir sehr gut gemacht!", bestätigt mein Mann. Und dann trinken wir einen Schluck von unserem kalten Feierabendbier und ich muss ein bisschen an Jesus denken. Wie das wohl war, als die Welt erschaffen wurde und es am Ende des Tages heißt: „Und siehe, es war gut!" Ob es da wohl auch Feierabendbier gab?

An vielen Tagen, da schaffe ich es nicht, rechtzeitig Feierabend zu machen, sondern arbeite, bis ich am Ende des Tages erschöpft auf die Couch sinke. Da fühle ich mich schlecht, weil ich all die Dinge sehe, die ich nicht geschafft bekommen habe, und all die Aufgaben, die noch zu erledigen sind. Und egal wie viel ich geschafft habe, am Ende habe ich doch wieder das Gefühl, es war nicht genug. Da kann ich die Dinge nicht gut sein lassen. *Es gut sein lassen.* Ich finde, das ist ein ziemlich schöner Ausdruck.

Denn er erzählt davon, es *sein zu lassen.* Bewusst mit der Arbeit aufhören zu müssen, auch wenn es noch so viel zu tun gäbe. Weil wir niemals wirklich fertig werden. Bewusst ein „genug" ans Ende eines Tages setzen zu dürfen, davon, unserer Arbeit einen Rahmen geben, damit sie nicht ungebremst unser gesamtes Leben für sich beansprucht.

Und davon, dass wir es *gut* sein lassen. Es bedeutet auch, ein bisschen stolz auf das zu schauen, was wir heute gemacht haben. Nicht in niemals enden wollender Perfektion bis zur Unkenntlichkeit

daran herumzudoktern. Sondern es gut sein zu lassen. Nicht gut genug. Sondern gut. Und ich glaube, manchmal werden die Dinge erst in dem Moment wirklich gut, wenn wir uns die Zeit nehmen, uns hinzusetzen und sie uns bewusst voller Stolz vor Augen zu führen.

Manchmal werden die Dinge erst in dem Moment wirklich gut, wenn wir uns die Zeit nehmen, uns hinzusetzen und sie uns bewusst voller Stolz vor Augen zu führen.

Und während ich nun dasitze und das betrachte, was die letzte Zeit so in meinem Leben los war, all die großen und kleinen Herausforderungen, all das, was ich tun und erleben durfte, was gut, aber auch anstrengend war, da denke ich: „Gut haben wir das gemacht, Jesus, du und ich!“ Und dann höre ich die Blätter rascheln. Und während ich den kühlen Wind auf meiner Haut spüre, ist es, als ob er antwortet: „Ja, das haben wir sehr gut gemacht!“

Feierabendlimonade

Mein Lieblingsrezept für Feierabendlimonade besteht aus selbst gemachtem Sirup, Eiswürfeln, Kräutern und Mineralwasser. Tolle Kombinationen sind beispielsweise Zitrone und Basilikum, Johannisbeere und Rosmarin, Rhabarber und Minze.

Grundrezept für den Sirup:

1 l Wasser

1 kg Zucker

8 Biozitronen (oder 1 kg Früchte / 15 Holunderdolden)

15 g Zitronensäure

- Das Wasser zum Kochen bringen und darin die Früchte aufkochen.
- Bei den Zitronen dazu die Schale dünn abschälen (ohne die weiße Unterschale).
- Beim Holunder die Dolden 24 h im Wasser ziehen lassen.
- Das Ganze absieben und den Sud mit Zucker und der Zitronensäure aufkochen.
- In heiß ausgespülte Flaschen abgefüllt ist der Sirup mehrere Monate haltbar.

STAUNEN

Eines der wichtigsten Dinge, die mich der Garten gelehrt hat, ist das Staunen.

Fliegende Hummeln und Schmetterlinge, Tausendfüßler und Regenwürmer. Wie aus einem kleinen Samen eine große Pflanze wachsen kann. Blüten in allen Farben und Formen, die getrockneten Samenstände der Akelei, die im Wind rasseln, unser Apfelbaum, der Anfang August die ersten rosaroten Äpfel trägt. Ich staune über alte Tomatensorten, ihre dunklen und grünen Früchte. Darüber, dass trotz all meiner Ahnungslosigkeit etwas in diesem Garten wächst. Ich staune übers Kartoffelernten, das sich jedes Jahr ein bisschen wie eine Schatzsuche anfühlt. Über Blätter, die sich im Herbst bunt färben, und den Igel, der es sich hinter der Bierbank unserer Nachbarn gemütlich eingerichtet hat. Ich staune über das kleine Rotschwänzchen, das mich beim Buddeln beobachtet, weil immer wieder ein Engerling für es abfällt. Über den riesigen Feldhasen, der sich in die Gartenanlage verirrt hat, und den Mäusebussard, der immer über unserem Garten kreist.

Seit ich meinen kleinen Garten habe, staune ich – meistens über Dinge, die ich schon tausendmal gesehen und fast genauso oft übersehen habe. An wie vielen Hummeln bin ich schon vorbeigelaufen? Und doch sitze ich manchmal da und kann meine Augen nicht von ihnen lassen, weil sie immer wieder in die kleine Blüte fliegen und schwankend mit einem pollenbestäubten Po wieder herauskommen.

Aber ich staune nicht nur im Garten. Unsere ganze Welt ist so voller unglaublicher Wunder: Kinderlachen, kleine Babyhände, Farben und Kunst, Musik und Zimtschnecken. Alte Häuser und kleine Läden. Ich staune über Bücher und Worte. Über Ideen, die Menschen haben können, und Geschichten, die sie schreiben. Ich staune über Sonnenaufgänge und das Gefühl, das man hat, wenn man barfuß am Meer läuft. Und ich staune, wenn ich Bibel lese oder sie studiere. Wenn mein Herz anfängt zu kribbeln, weil es merkt, dass es etwas Großem auf der Spur ist.

Hunderte von Seiten könnte ich füllen mit Dingen, die mich zum Staunen bringen. Staunen: Das ist eines der Dinge, die kinderleicht und gleichzeitig so schwer sind. Die man üben und doch nicht lernen kann. Staunen ist etwas, das ich suche, aber von dem ich mich finden lassen muss.

Staunen: Das ist eines der Dinge, die kinderleicht und gleichzeitig so schwe sind. Die man üben und doch nicht lernen kann. Staunen ist etwas, das ich suche, aber von dem ich mich finden lassen muss.

Der große Philosoph Pu der Bär sagte einmal: „*Denn ein Gedicht und ein Gesumm sind keine Sachen, die man so einfach packen kann, nein, man wird von ihnen gepackt und alles, was man tun kann, ist, dorthin zu gehen, wo sie einen finden können.*“[6]

Wie gerne will ich mich von ihnen packen lassen. Und deshalb gehe ich an Orte, die mich zum Staunen bringen. Mein Garten. Das Meer. Kleine Cafés. Die Felder vor unserer Türe. Aber wenn man mal mit dem Staunen angefangen hat, kann es sein, dass es einen an den ungewöhnlichsten und allzu gewöhnlichsten Orten

6 Milne, A. A.: Pu der Bär. Gesamtausg., Neuausg. Dressler, Hamburg 2009.

erwischt. In meiner Küche. Auf dem hässlichen Betonspielplatz vor unserem Haus. Auf einem verdreckten Bahnhofsgelände.

Und es gibt etwas, das mir hilft, ins Staunen zu kommen. Dann nämlich, wenn ich anfange, Gott für all die Dinge zu danken, die er mir schenkt, dann werde ich oft auch vom Staunen gepackt. Und noch eins habe ich erlebt: Zum Staunen muss man langsam werden. Denn Staunen ist nichts, was man eben mal so to-go im Vorbeigehen mitnimmt. Mit einem gehetzten Herzen voller Undankbarkeit übersehe ich selbst die großen Wunder oder kann ihnen nicht mehr als ein unbeteiligtes Schulterzucken abringen. Und deshalb will ich immer wieder Zeiten haben, in denen ich ein bisschen langsamer werde und bewusst danke sage.

Denn ich möchte so gerne staunen über diese wundervolle Welt und viel mehr noch über den, der all das Erstaunliche geschaffen hat.

Wusstest du, dass …

… die Samen in einer Sonnenblume nach der Fibonacci-Folge angeordnet sind?

… es eine spezielle Bambusart gibt, die bis zu 91 Zentimeter am Tag wachsen kann?

… in einem einzigen Quadratzentimeter gesunder Gartenerde etwa 1 Milliarde Bakterien, zahlreiche Pilze und eine Vielzahl von Kleinlebewesen leben?

… Bäume durch ein unterirdisches Netzwerk aus Pilzen miteinander kommunizieren und Nährstoffe teilen können?

… der Boden (ganz besonders die Moore) mehr Kohlenstoff speichert als die Atmosphäre und die Pflanzen zusammen?

… eines der sieben Weltwunder ein Garten war – die Hängenden Gärten von Babylon?

Gott segne deinen Sommer

Gott segne deinen Sommer,
wenn das Leben leicht und voller
verschwenderischer Großzügigkeit ist.
Er lasse dein Herz all die Wunder einsammeln
und genießen.
Er segne deine Lagerfeuergeschichten und gebe,
dass der Blick in den Himmel dir
von Gottes Größe erzählt,
dass dein Herz all die Farben und die Leichtigkeit
aufsaugt wie ein trockener Boden
und dass all die Schönheit, die du sehen und
schmecken kannst, dein Herz ganz erfüllt und du
aus dem Staunen nicht mehr herauskommst.

Herbst

Es ist Herbst. Der Garten gibt noch einmal alles. Der Paukenschlag vor der großen Stille. Die Blumen blühen in satten warmen Farben, goldgelbe Sonnenblumen und dunkelrote Dahlien.

Jeden Abend fahre ich mit einem vollen Erntekorb nach Hause: Kürbisse, Bohnen und Tomaten, Äpfel, Beeren und Birnen. Daheim fülle ich unseren Vorratsschrank mit Saft und Marmelade und staune über das, was wachsen durfte.

Während die Nächte kühler werden, fallen auch die ersten Blätter von den Bäumen. Ich sammle die letzten Herbstschätze auf, bis meine Tasche und mein Herz überquillt, und räume die Beete leer. Pflücke die restlichen Äpfel und bereite den Garten auf den Winter vor.

Ich finde Gott im Herbst.

Wenn ich volle Erntekörbe nach Hause trage und ich die Früchte meiner Arbeit sehen und genießen darf. Wenn mein Herz voller Dankbarkeit und Herbstfarben ist.

Dann will ich dem danken, der mir so viel Gutes schenkt. Große und kleine Erntegaben, die mich an seine Güte erinnern. Und ganz fest will ich die Erinnerung an den Herbst in meinem Herzen einschließen. Ich bin versorgt. Mir fehlt es an nichts.

HERBSTBLÄTTER

Langsam gehe ich über die regennasse Straße vor unserem Haus. Die Blätter haben sich verfärbt in allen Farben, die der Herbst zu bieten hat, von kastanienbraun über rostrot bis sonnengelb. Immer mal wieder bleibe ich stehen, um mich zu bücken und ein besonders schönes Exemplar aufzulesen. Bis die Kinder völlig genervt vorandrängeln und ich einen riesigen Stapel Blätter hinter mir herschleppe. Endlich im Garten angekommen, halte ich vor dem alten Apfelbaum inne. Ich höre das Rascheln und während der Wind durch die Blätter jagt, fallen einige von ihnen zu Boden. Und wie ich dort so vor dem Baum stehe, merke ich, wie ich ihn in diesem Moment beneide. Dafür, dass es ihm scheinbar so leicht fällt, all das, was im letzten Jahr war, abzuwerfen und loszulassen. Und mit jedem fallenden Blatt denke ich an all die Dinge, die ich diesen Herbst gerne zurücklassen würde. Das ständige Sorgen, krank machendes Pflichtbewusstsein, Zukunftsangst, Erwartungen und Gefallenwollen. Aber auch an gute Dinge, die ich festhalten möchte, deren Zeit jedoch gekommen ist. Träume, die ich loslassen muss, Chancen, die ich verpasst habe, Worte, die keinen Platz gefunden haben. Und kurz bevor die Blätter fallen, da verwandeln sie sich noch mal in ein großartiges Farbenspektakel.

Unser Leben ist voller Wandel und Wechsel und das ist oft anstrengend und gelegentlich auch schmerzhaft. Aber manchmal, da färbt es sich beim Loslassen auch herbstfarbenbunt. Vielleicht sollten wir es dem Herbst nachtun und die Übergänge in bunten Farben feiern, auch wenn wir nicht so genau wissen, was danach kommt. Bewusst loslassen, statt es an unserem Lebensbaum welken zu lassen, wo es noch Kraft zieht und doch kein Leben mehr in ihm ist.

> Vielleicht sollten wir es dem Herbst nachtun und die Übergänge in bunten Farben feiern, auch wenn wir nicht so genau wissen, was danach kommt.

Wie schön wäre es, mich einfach hier und jetzt neben meinen Apfelbaum zu stellen und es ihm gleichzutun. Langsam Blatt für Blatt loszulassen, all das Gute und weniger

Gute, und mich damit bereit zu machen, für den Winter. Und mit jedem herabgefallenen Blatt fließen Kraft und Nährstoffe zurück in Stamm und Wurzeln, um dort den Winter über gespeichert zu werden.

Während ich unter dem Apfelbaum stehe, blicke ich auf den Boden. Das abgefallene Laub liegt etwas trostlos und zertrampelt am Boden. Weggeworfen und unbeachtet. Doch nach und nach wird es anfangen, zu verrotten, und zu gutem Dünger werden, der den Baum mit neuer Kraft versorgt. Weil Dinge, die wir loslassen, zur Nährstoffquelle für Neues werden können. Und so stehe ich im Nieselregen unter unserem Apfelbaum. Zwischen dem feuchten Laub lese ich die letzten roten Äpfel auf. Ich sehe die Äste im Regen wippen und nach und nach einzelne Blätter zu Boden fallen. Und dann stehe ich ein paar Minuten da und übe das mit dem Loslassen.

Herbstblätter

Altes Laub ist perfekter Dünger und viel zu schade, um es wegzuwerfen. Am besten zusammenrechen (Rasen verträgt nasses Laub nicht besonders gut) und unter dem Baum verrotten lassen oder zum Mulchen auf den Beeten verteilen. Wilde Gartenbewohner freuen sich besonders über Laubhaufen in „unordentlichen" Gartenecken.

MEIN KLEINER GELBER VORRATSSCHRANK

In unserem Keller gibt es einen kleinen gelben Schrank. Den habe ich vor einigen Jahren im Secondhandladen gefunden und mit gelber Farbe angestrichen. Dieser kleine gelbe Schrank ist meine Schatzkammer, denn darin lagern unsere eingeweckten Gartenvorräte.

Jedes Jahr starrt mich am Ende des Winters gähnende Leere an, wenn ich ihn öffne. Nichts ist darin mehr zu finden, außer ein paar verunglückte Einmachexperimente, die niemand essen, aber auch keiner wegwerfen möchte. Aber sobald die Gartensaison startet, füllt sich mein kleines gelbes Schränkchen nach und nach mit eingeweckten Kirschen, Apfelmus, einem Glas voller Nüsse, Quittengelee, Brombeer- und Himbeermarmelade. Getrockneten Apfelchips, Salbeitee und Thymiansirup. Kräutersalz, Pflaumensenf und Chutneys. Und einem großer Korb voller Knoblauch und Lavendel.

Besonders im Herbst, wenn der Garten vor der Winterpause noch mal alles gibt, füllt sich mein Schränkchen schneller, als ich schauen kann. Manchmal so schnell, dass ich kaum hinterherkomme mit dem ganzen Einkochen und Haltbarmachen. Aber wer im Winter Apfelmus aus dem Garten essen will, muss im Herbst vorsorgen: Äpfel ernten und entkernen, aussortieren, klein schneiden, einkochen. Ab und zu verzweifeln, weil irgendwas nicht geklappt hat und die Arbeit von Stunden anfängt zu schimmeln.

Manchmal denke ich dabei an meine Urgroßeltern, für die das alles kein nettes Hobby war, sondern die Voraussetzung, um im Winter nicht hungern zu müssen. Wie wichtig es war, vorzusorgen und vor dem Winter, der ganz bestimmt kam, die Vorratsschränke aufzufüllen. Und die Erntefülle so zu konservieren, dass sie auch durch schlechte Zeiten trug.

Ab und zu überlege ich, ob es in meinem Herzen auch einen kleinen gelben Vorratsschrank gibt und womit ich ihn füllen möchte. Ich fülle ihn mit Worten, vielleicht ein bisschen wie Frederick, die kleine Maus, die Farben und Worte und Sonnenstrahlen für den langen Winter sammelt. Ich finde meine Worte unter anderem in der Bibel. In den Psalmen und Briefen, Erzählungen und Jesusgeschichten. Eine Zeit lang hatte ich die Erwartung, dass ich bei jedem Bibellesen einen Aha-Moment erleben würde oder mich Jesus auf eine besondere Art und Weise nahe fühlen müsse, und war enttäuscht, wenn es nicht so war. Aber heute denke ich, dass diese Worte ohne Umwege in den kleinen Vorratsschrank in unserem Herzen wandern, in dem viele Vorratsgedanken schlummern und auf den Winter warten. Wenn ich keine Kraft mehr habe, selbst nach ihnen zu suchen, sind sie da und sättigen mich.

Und ich sammle Erfahrungen. Ich wecke Momente ein, in denen ich Dinge geschafft habe, die mir anfangs viel zu groß waren. Schnipple sie klein und mache sie haltbar in Form kostbarer Erinnerungen daran, dass ich in der Lage bin, viel mehr zu bewältigen, als ich mir zutraue. Ich bin dem Leben nicht ausgeliefert, darf mitgestalten und Veränderungen bewirken. Ich bin imstande, Lösungen zu finden, mir Hilfe zu holen und Frieden zu schließen mit schwierigen Umständen. Ich kann sogar lernen, Fehler zu machen und zu scheitern und Freude selbst in den dunklen Zeiten zu entdecken. Manchmal läuft das auch furchtbar schief. Wie die Tomatensoße, die während unseres Urlaubs explodierte und sich über die weißen Wände bis zur Decke unserer Küche verteilte. Aber ich lerne daraus. Und manche Erfahrungen warten in meinem Schränkchen und geben mir Kraft, wenn es hart wird.

Und dann stehen da noch haufenweise Marmeladengläser in meinem Schrank. Von denen kann man nie genug haben! Weil sie nach Sommer schmecken und Himbeersegen. Und darin sammle ich Marmeladenglasmomente. Dankbarkeiten und Segen, mit denen ich jeden Tag beschenkt bin, und die ich im Alltag so oft übersehe. Bei ihnen ist manchmal eine bewusste, mühevolle Entscheidung nötig, sie am Ende des Tages alle einzusammeln und nach Hause in meinen Vorratsschrank zu tragen, sonst würden sie unter dem Baum liegen bleiben und vergammeln. Und deshalb sitze ich manchmal da und staune über all das, mit dem Gott mich beschenkt hat. Die schöne Wohnung, in der wir wohnen dürfen.

Die Bücherei in meinem Ort. Urlaub am Meer. Der Buchladen um die Ecke. Bunte Farben. Studieren dürfen. Nudelsuppe. Nette Nachbarn. Zimtschnecken. Tausend Segensmomente, große und kleine, alltägliche und außergewöhnliche. Gutes, was Gott mir getan hat. Und darunter: der gelbe, gut gefüllte Vorratsschrank in meinem Keller.

Grundrezept für Marmelade:

1kg Früchte

500 g Gelierzucker (2:1)

optional: Saft einer Zitrone

Früchte waschen, schälen und in kleine Stücke schneiden. Anschließend mit dem Gelierzucker (und Zitronensaft) in einen Topf geben und die Mischung zum Kochen bringen. 5-10 Minuten lang kochen lassen. Hier solltest du darauf achten, dass die Marmelade wirklich heiß genug ist (Achtung, Spritzgefahr!), damit sie später nicht schimmelt. Anschließend in heiß ausgespülte Gläser füllen und verschließen.

Wenn die Marmelade dann aufgegessen ist, kannst du in dem Glas „Marmeladenglas-Momente" sammeln: schöne Erinnerungen und Augenblicke auf einen Zettel schreiben, in dein Marmeladenglas stecken und an dunklen Tagen öffnen.

ZWISCHEN WEINSTOCK UND REBEN

Voller Stolz stehe ich vor unserer kleinen Weinpflanze. Vor drei Jahren hatten wir sie in unseren Garten gepflanzt, heute trägt sie die ersten großen Früchte. Bildschöne, pralle Trauben, die sich an unserem Vordach entlanghangeln und säuerlich-süß auf der Zunge zerplatzen. Völlig euphorisch schnappe ich mir mein Handy, um dieses kleine Prachtexemplar zu fotografieren, und überlege, einen wahnsinnig tiefsinnigen Text über Jesus, den Weinstock, dazu zu schreiben. Doch dann komm ich ins Stocken, denn obwohl ich diesen bekannten Text „Ich bin der Weinstock, ihr seid die Reben …" schon mindestens hundertmal gehört habe, merke ich erst jetzt, dass ich eigentlich keine Ahnung habe. Ich weiß weder, was genau die Rebe noch was der Weinstock, was die Triebe oder Ranken sind.

Also tue ich, was man in solchen Momenten eben tut, ich schnappe mein Handy und google. Fünfzehn Minuten später bin ich schlauer. Während der Weinstock so was wie der Stamm der Weinpflanze ist, sind die Reben alle Äste, die vom Weinstock ausgehen und die die Weintrauben tragen. Jesus hätte auch sagen können: Ich bin der Baum, ihr seid die Zweige. Wenn man euch abschneidet, dann verdorrt ihr. Und wer verdorrt auf dem Boden liegt, kann auch keine Äpfel mehr produzieren. Aber wenn ihr als Äste mit dem Baum verwachsen bleibt (wie es vorgesehen ist), dann versorge ich euch mit Nährstoffen und Wasser, mit Kraft, und wenn die Zeit reif ist, werdet ihr Früchte bilden.

Vor ein paar Wochen hatte ich das deutlich vor Augen. Denn die Weinpflanzen hatten sich ziemlich wild ausgebreitet und ich habe beherzt zur Gartenschere gegriffen, um ein wenig Licht und Ordnung zu schaffen. Allerdings waren es so viele Triebe, dass ich irgendwann den Überblick verlor. Also stand ich vor einem großen Wirrwarr von Zweigen und wusste nicht mehr so richtig, welche ich abgeschnitten hatte und welche noch an der Pflanze dranhingen. Drei Tage später sah das Ganze schon anders aus. Während die abgeschnittenen Reben bräunlich verdorrt vor sich hinwelkten, waren die verbundenen noch grün und voller Leben.

Ach, und manchmal, da bin ich eine kleine Rebe, die am Weinstock hängt und sich fürchterlich anstrengt. Die zieht und zupft und sich so viel Mühe gibt, doch endlich gute Frucht zu bringen. Die unbedingt etwas Schönes für Jesus machen will und sich so abmüht, ihm zu gefallen. Und die manchmal ganz panisch wird, wenn Anfang April immer noch keine Trauben zu sehen sind. Dabei war alles, was Jesus je wollte, dass wir mit ihm verbunden sind. Vielleicht muss ich das noch ein paarmal vor mich hersagen, bis ich es wirklich glauben kann: Alles, was ich tun muss, um Frucht zu bringen, ist, mit Jesus verbunden zu bleiben. Und für eine Rebe, die mit dem Weinstock Jesus verbunden ist, ist es das Natürlichste der Welt, Frucht zu bringen. Ich muss mich weder mehr anstrengen noch mich abrackern und schon gar nicht muss ich Früchte aus mir selbst herausquetschen. Nur verbunden bleiben. Mit dem Weinstock, der für Kraft und Nahrung sorgt.

Ein paar Wochen später greife ich wieder zur Gartenschere, diesmal, um all die reifen Früchte zu ernten. Daraus soll dieses Jahr etwas ganz Besonderes entstehen. Mit einem vollen Fahrradkorb fahre ich nach Hause in unsere Küche. Die reifen Trauben werden gekocht, gepresst und dann in kleine Flaschen gefüllt. Im Frühling, an Karfreitag, werden wir sie dann aus unserem Vorratsschrank holen. Wir werden gemeinsam zu Abend essen und Abendmahl feiern, das Zeichen, das Jesus uns geschenkt hat, um uns zu erinnern, dass wir mit ihm verbunden sind.

Und während ich den süßen Saft in meinem Mund schmecke, werde ich an den Weinstock und an die kleine Rebe denken. Die Frucht gebracht hat und die nichts tun musste, außer verbunden zu bleiben.

Rebkränze

Aus abgeschnittenen Reben kannst du wunderschöne Kränze machen. Dazu die Blätter entfernen und anschließend aus der kräftigsten Ranke einen Kreis formen. Die restlichen Ranken drum herum flechten und Anfang- und Endstück jeweils sorgfältig zwischen die überlappenden Ranken stecken. Wer möchte, kann die Kränze noch mit Trockenblumen, Hagebutten oder Ähnlichem verzieren.

Ich bin der Weinstock, und ihr seid die Reben.
Wer mit mir verbunden bleibt,
so wie ich mit ihm, der trägt viel Frucht.
Denn ohne mich
könnt ihr nichts ausrichten.

(Johannes 15:5)

ICH PFLANZE AUF HOFFNUNG HIN

Langsam gräbt sich meine Schaufel durch die braune, trockene Erde. Hier und da zupfe ich einige Unkrautwurzeln aus dem Boden und lese ein paar Steine auf. Dort, wo letztes Jahr noch Efeu und Büsche wucherten, sollen im nächsten Jahr Tulpen und Narzissen blühen. Dafür muss ich im Herbst die ersten Zwiebeln setzen. Eine nach der anderen lege ich sie in die dunkle Erde. Als ich endlich fertig bin, liegt ein brauner, etwas trostloser Streifen vor mir. Schwer vorstellbar, dass sich hier in einem halben Jahr das bunte Leben tummeln wird. Trotzdem arbeite ich weiter, denn ich pflanze auf Hoffnung hin.

Ich pflanze in dem Glauben, dass aus diesen kleinen, unscheinbaren Dingern im Frühjahr ein Blumenmeer entstehen wird. Und während ich so vor mich hinarbeite, muss ich mir das immer wieder selbst vor Augen führen. Denn im Herbst ein paar verknautschte Knollen zu verbuddeln, fühlt sich manchmal ziemlich trostlos an. „Was soll das denn bringen?“, frag ich mich dann. „Es macht doch sowieso keinen Unterschied. Ich sehe nicht, warum ich mir die Mühe überhaupt mache, es verändert doch nichts.“

So vieles in meinem Alltag erinnert mich an das Setzen von Blumenzwiebeln. Ich bete, ich erziehe, ich liebe und ich predige – auf Hoffnung hin. Denn oft wirkt das, was ich in Händen halte, so klein und unbedeutend, manchmal auch schon ein bisschen schrumpelig. Und nach dem Pflanzen ist alles unter Staub und Dreck verborgen. Ich sehe keine Auswirkungen. Im ersten Moment scheint es, als ob sich nichts dadurch verändert. Aber ich will nicht aufhören zu glauben, dass unter der Erde zwischen all den Steinen und Unkrautwurzeln noch

> Ich will nicht aufhören zu glauben, dass unter der Erde zwischen all den Steinen und Unkrautwurzeln noch etwas schlummert, etwas Schönes und Buntes, volle Leben, das aufblühen und verschwenderisch mit Farbe um sich werfen wirc

etwas schlummert, etwas Schönes und Buntes, voller Leben, das aufblühen und verschwenderisch mit Farbe um sich werfen wird. Dass nicht verloren ist, was wir voller Glaube in die Erde legen, sondern es geduldiges Abwarten erfordert, bevor wir sehen dürfen, was wir da heute schon voller Vertrauen gepflanzt haben.

Und dann, ganz leise, bricht früher oder später das erste Grün aus der Erde. Ein Blütenmeer voller Schönheit, Düfte und Leben. Die ersten Bienen, die zwischen den Blumen hin- und herfliegen, Osterglocken und Tulpen in allen Farben. Was für ein Wunder, dass neues Leben zwischen all dem Grau und Braun hervorkommt. Und weil ich das vor Augen habe, setze ich an einem trüben Herbsttag kleine Zwiebeln in die Erde. Deshalb werde ich nicht aufhören zu lieben, zu erziehen, zu predigen, zu glauben, zu vertrauen und zu säen. Obwohl ich manchmal kurz vor dem Aufgeben bin. Denn ich pflanze mit all der Schönheit und dem Leben vor Augen, die nur darauf warten, zum Vorschein zu kommen. Auch wenn ich im Augenblick nur dreckige Erde sehe, denn ich pflanze auf Hoffnung hin.

Knoblauch stecken

Im Herbst lassen sich nicht nur Zwiebeln für Frühlingsblumen wie Tulpen, Narzissen und Krokusse stecken, sondern auch Knoblauch. Dazu einzelne Knoblauchzehen (Pflanzknoblauch oder aus dem Biomarkt) im Herbst in die Erde stecken und im Frühling ganze Knollen ernten. Ein Teil davon kann dann im Herbst wieder ausgepflanzt werden.

STANDARD-KARTOFFEL

Eine Standardkartoffel ist zwischen 5 bis 10 Zentimeter lang und 2,5 bis 5 Zentimeter breit. Sie ist oval geformt und hat eine glatte braune Oberfläche. Ziemlich lange dachte ich, Kartoffeln sähen nun einmal so aus, bis ich selbst welche aus unserer Gartenerde gegraben habe. Da kamen nämlich ziemlich kleine, murmelrunde und lustig verformte zum Vorschein. Irgendwann habe ich dann entdeckt, dass es nicht nur gelbe, sondern auch violette, rosafarbene und sogar fast blaue Kartoffelsorten gibt.

Und das gilt nicht nur für Kartoffeln: Es gibt runde Zucchini, violette und meistens ziemlich krumme Karotten, schwarze Tomaten und Kürbisse in so ziemlich allen Farben, Formen und Größen, die man sich nur erdenken kann. Wie schade, dass wir in unseren Supermärkten nur einen Bruchteil davon zu sehen bekommen! Das jedoch ist kein Zufall: Es gibt sehr spezielle Normen und Standards, die vorgeben, wie eine Kartoffel auszusehen hat, damit sie im Handel vertrieben werden darf. Dazu genaue Ausschlusskriterien wie Verfärbungen, Risse oder Flecken. Zusätzlich müssen die Händler natürlich auch kosteneffizient arbeiten und bieten somit nur die beliebtesten Sorten mit guten Lager- und Transporteigenschaften an. Und da wir unser Gemüse und Obst immer mehr in großen Supermärkten kaufen und immer weniger in unseren eigenen Gärten anbauen, schrumpft nicht nur die Sortenauswahl auf zwei bis drei Standardkartoffeln, sondern auch unser Verständnis davon, wie eine Kartoffel auszusehen hat.

Wie gut, dass sich das gerade immer mehr ändert! Denn unsere Welt ist viel zu groß und bunt für nur eine genormte Vorstellung davon, wie eine Kartoffel auszusehen hat. Und sie ist viel zu schön und vielfältig für all die anderen Standardvorstellungen, die sich in meinen Kopf geschlichen haben. Wir meinen zu wissen, was eine „gute Mutter“, einen „guten Job“, einen „guten Christen“ und „ein

Unsere Welt ist viel zu groß und bunt für nur eine genormte Vorstellung davon, wie eine Kartoffel auszusehen hat.

gelungenes Leben“ ausmacht. Und dazwischen ist wenig Platz für lila Möhren. Und wie eine Schablone legen wir die Standardmaße über unsere Leben und sortieren alles zu Kleine und Krumme, Fleckige und Rissige aus und lassen die halbe Ernte auf dem Feld liegen.

Aber fürs Muttersein gibt es nicht nur eine Standardform (fürs Vatersein übrigens auch nicht). Ein Körper ist nicht nur dann schön, wenn er einem gesellschaftlich definiertem „Idealmaß“ entspricht. Wir haben eine genaue Vorstellung davon, was Kirche ist und wie ein Gottesdienst zu sein hat (sonntags, morgens, in einem speziellen Gebäude mit langer Predigt), und vielleicht verpassen wir dadurch all die anderen großartigen Formen, wie Kirche auch aussehen kann.

Mitte 30 habe ich noch mal angefangen zu studieren. Nicht als erfolgreich geplanten Karriereschritt, sondern weil ich einen Job brauchte und das die sinnvollste Alternative war, um neben den Kindern noch mal neu anzufangen. Und während ich zwischen all den jungen Menschen saß, kam ich mir oft ziemlich blöd vor. Weil ich so alt war und weil ich mich manchmal geschämt habe für meinen Berufsweg, der so chaotisch und voller Umwege ist und so ganz anders, als ich es erhofft hatte. Doch je mehr ich mit den Leuten um mich herum ins Gespräch kam, desto mehr habe ich gemerkt: Ich bin nicht allein! Da waren Geschichten von Abbrüchen und Scheitern, verhauenen Prüfungen, Studiengangwechseln, zweiten Bildungswegen. Wie ein großer Sack voller bunter Kartoffelsorten und ich mittendrin. Heute sehe ich es als unglaubliches Privileg, noch mal lernen zu dürfen, und meine krummen Umwege sind keine hässlichen Flecken mehr, sondern *mein Weg* und meine Geschichte, die ich an den meisten Tagen ziemlich gernhabe.

Wenn man Jesus so anschaut und die Jünger, die er um sich geschart hat, merkt man ziemlich schnell, dass er herzlich wenig von vorgefertigten Normen hält.

Da war Maria Magdalena, von der es heißt, Jesus habe ihr sieben Dämonen ausgetrieben. Simon, der der radikalen Widerstandsgruppe der Zeloten angehörte und die römischen Besatzer bekämpfte. Dazu Matthäus, der ehemalige Steuereintreiber, der mit den Römern gemeinsame Sache machte und sich daran bereicherte. Josef von Arimathäa, Mitglied des Hohen Rats, gleich neben Petrus, dem aufbrausenden Fischer, der voller Glauben auf dem Wasser geht, und Thomas, der Zweifler. Eine buntchaotische Mischung.

Und vielleicht sollten wir öfter mal lila Kartoffeln und krumme Karotten anpflanzen. Einfach, um uns daran zu erinnern, dass das Leben bunter und vielfältiger ist als mittelgroße festkochende ovale Normkartoffeln.

Gemüsevielfalt

Lass doch Gemüse in allen Formen und Farben in deinen Garten einziehen. Besonders alte Sorten sind oft vielfältig und dazu wiederstandfähig. Samen findest du vor allem auf lokalen Märkten, Tauschbörsen und in historischen Saatgutkatalogen. Wie wäre es mit lila Karotten, pinken Kartoffeln oder blauen Bohnen?

AUSGELAUGTE BÖDEN

Voller Enttäuschung stehe ich in unserem kleinen Garten. Während im Nachbargarten die Tomatenpflanzen ganz prächtig gedeihen und sich unter der gigantischen Menge roter Früchte biegen, vegetieren in meinem Beet ein paar mickrige Tomaten kümmerlich vor sich hin. In den anderen Ecken und Beeten sieht es nicht viel besser aus. Ich könnte heulen vor Enttäuschung. Das mit der großen Ernte wird dieses Jahr wohl nichts. Aber eigentlich weiß ich ziemlich genau, woran es liegt: Der Boden ist einfach ausgelaugt. Ich habe zu wenig (okay, die meisten Beete überhaupt nicht) gedüngt. Habe den Boden viele Jahre lang hintereinander über das Maß beansprucht. Große, stark zehrende Früchte angebaut, ihm kein Ruhejahr oder eine Gründüngung gegönnt, und statt ihn im Frühjahr mit einer dicken Schicht Kompost oder Jauche zu füttern, um ihm ein paar Nährstoffe zurückzugeben, gedacht: „Ach, das wird schon gehen." Jetzt stehe ich mitten im eigentlich prallen erntereichen September und muss eingestehen, dass „wird schon gehen" keine gute Lebenseinstellung ist.

Und während ich dort vor den kümmerlichen Pflanzen stehe, da merke ich, dass es in meinem Lebensgarten nicht viel besser aussieht. Die letzten Jahre waren anstrengend und kräftezehrend. Ich hatte wenig Zeit zum Luftholen. Schwangerschaften, Babynächte, Krisen und Pandemiejahre haben ihren Tribut gefordert. Und als die Kräfte schon aufgebraucht waren, kam noch mehr on top, Anstrengendes und Schönes, Schwieriges, aber auch Gutes, das wachsen durfte und über das ich mich jeden Tag aufs Neue freue, das aber auch viel Kraft gezogen hat. Zu lange habe ich meinen Lebensacker und Terminkalender übermäßig beansprucht. Habe gepflanzt und geerntet und dabei vergessen, ausreichend für neue Nährstoffe zu sorgen. Und jetzt merke ich, wie Kraft und Lebensfreude aufgebraucht sind und ich einfach ausgelaugt bin.

Es gibt sie, die schnellen Lösungen. Einfach ein bisschen chemischen Kunstdünger auf die Beete kippen. Meinen Terminkalender optimieren, zu viel Kaffee trinken, die Nächte durcharbeiten und weiter durchs Leben hetzten. Dann kann man den Pflanzen

förmlich beim Wachsen zusehen und ein paar Wochen später riesige Früchte ernten. Dann toppen wir den Ertrag von Jahr zu Jahr. Werden immer größer, höher, schneller. Übertreffen uns selbst in unseren Erfolgen.

Aber nach und nach stirbt dabei unser Boden jeden Tag ein bisschen mehr, bis am Ende nichts mehr zurückbleibt als ein kleines Stück totes Land. Auf lange Sicht macht das mehr kaputt, als dass es hilft. So, wie es bei schnellen, oberflächlichen Lösungen oft der Fall ist.

Aber es gibt auch Alternativen. Und eine ziemlich gute Nachricht: Ausgelaugte Böden können sich regenerieren und wieder (oder zum ersten Mal) zu gesundem, fruchtbarem Land werden, auf dem starke Pflanzen wachsen und sich Lebewesen aller Art tummeln. Und das geht eigentlich ganz einfach, indem wir ihm Ruhe gönnen und ihn mit Nährstoffen versorgen. Ganz konkret kann das zum Beispiel heißen, die

Auch mein Herz darf mit Dingen gefüttert werden, die mich mit Ruhe, Freude und Leichtigkeit erfüllen.

Beete nicht zu überanspruchen, indem man ständig stark zehrende Früchte wie Kürbisse oder Tomaten anbaut, sondern auch ab und zu Schwachzehrer wie Zwiebeln und Salate setzt. Ich muss nicht immer von einer Herausforderung in die nächste hetzten und mich selbst übertreffen. Es darf auch Zeiten geben, in denen ich es ruhig angehe.

Nährstoffe bekommt man am besten mit Kompost oder Jauchen ins Beet und einer dicken organischen Mulchschicht aus Stroh oder Laub. Auch mein Herz darf mit Dingen gefüttert werden, die mich mit Ruhe, Freude und Leichtigkeit erfüllen. Nicht erst, wenn ich völlig ausgelaugt bin, sondern in regelmäßigen Abständen, noch bevor meine Pflanzen Mangelerscheinungen aufweisen.

Alle paar Jahre sollte man das Beet ungenutzt brachliegen lassen oder stattdessen mit Gründüngung für eine Extraportion Nährstoffe sorgen. Und wie überrascht war ich zu sehen, dass Gott selbst Gebote erlassen hat, die der Regeneration des Bodens dienen (3.Mose 25,1-7; 18-22). Wie er den Menschen alle sieben Tage einen Ruhetag schenkt, an denen sie ruhen und feiern und ihr Leben mit Nährstoffen und Gutem stärken können, so sollen die Äcker alle sieben Jahre brachliegen.

Außerdem dürfen wir uns ein bisschen Zeit geben. Ein Boden, den man über Jahre hinweg überfordert hat, der lässt sich nicht in ein paar Tagen wieder richten. Regeneration ist ein Prozess, der Zeit braucht. Aber wenn wir uns die geben, dann wird unser Herzensboden auch Jahr für Jahr lebendiger. Dann können wir weiterhin große Früchte ernten und Krisen, die eine Menge Energie ziehen, gut überstehen, weil unser Boden gut versorgt ist.

Während ich vor meinen kümmerlichen Tomaten und meinem ausgelaugten Alltag stehe, tue ich, was ich schon längst hätte tun sollen: Ich verteile Gartenkompost zwischen den Tomaten und mulche den Boden. Dann setze ich Brennnesseljauche an und gebe ein bisschen organischen Dünger ins Gießwasser, den ich ganz hinten im Schuppen gefunden habe. Zu Hause angekommen, nimmt mein Mann spontan drei Tage Urlaub. Wir planen ein verlängertes Wochenende und gehen zelten – etwas, das schon seit ein paar Jahren auf meiner Wunschliste stand. Ich treffe mich mit Freundinnen zum Frühstück, besuche ein Konzert in unserem Stadtpark, lese ein paar Stunden in der Hängematte und schöpfe das erste Mal seit Wochen wieder neue Kraft. Und ich plane. Diesmal kein neues Beet, keinen Termin und kein neues Projekt, sondern Regeneration für meinen Boden.

Weil ich genug habe von ausgelaugten Böden und einem übervollen Leben.

Boden verbessern

Hier meine liebsten Tipps, wie du deinen Boden nach und nach verbessern kannst:

- Im Herbst mit einer dicken Schicht Kompost (wer selbst noch nicht genügend Kompost aus dem eigenen Garten hat, kann ihn auch in der nächstgelegenen Kompostieranlage kaufen).
- Den Boden nicht umgraben, sondern nur mit der Grabgabel etwas lockern (so wird die Bodenstruktur erhalten und sogar das Unkrautwachstum reduziert).
- Eine dicke Mulchschicht (z.B. aus Laub, Stroh, Rasenschnitt oder Schafwolle) ausbringen.
- Urgesteinsmehl oder Hornspäne sind gute Langzeitdünger.
- Gründüngungen säen – das sind Pflanzen, (z. B. Klee, Luzerne und Senf), die Stickstoff binden und im Boden freisetzen, was die Bodenfruchtbarkeit erhöht.
- Jauchen ansetzen und alle zwei Wochen ins Gießwasser tun.
- Ruhe! Alle paar Jahre sollte man dem Beet eine Pause gönnen.

DIE FRÜCHTE MEINER ARBEIT

Mit einem großen Bissen beiße ich in den rot säuerlichen Apfel, direkt vom Baum gepflückt. Nichts schmeckt besser als das Obst und Gemüse aus dem eigenen Garten! Ob das wirklich so ist oder man mit schmerzenden Knochen und dreckigen Händen nicht nur den Apfel, sondern auch den Stolz über die ganze Arbeit schmeckt, sei dahingestellt. Was ich aber ganz sicher weiß, ist, dass es kaum etwas Schöneres gibt, als die Früchte meiner Arbeit zu ernten. All die Arbeit, die Mühe, die zahlreichen Stunden und die schlaflosen Nächte: Sie waren nicht vergebens, sondern daraus ist tatsächlich etwas Großartiges entstanden!

Obwohl ich jetzt schon seit zehn Jahren gärtnere, hat sich an dem Gefühl nichts geändert. Wenn ich zum Geburtstag Tomatensetzlinge oder selbst gemachtes Chutney verschenke, überreiche ich es immer noch mit stolzgeschwellter Brust. Das hier, das habe ich gemacht! Vorgezogen und eingekocht! Ich ganz alleine! Wie stolz bin ich auf das, was ich da geschaffen habe.

Zumindest im Garten; da fällt mir das ziemlich leicht. Im Leben weniger. Da säe und gieße, mulche und dünge ich im übertragenen Sinne, ich hege und pflege, doch das Ernten, das vergesse ich so oft. Oder erledige es schnell mal nebenher, ist ja keine große Sache. Vielleicht fühlt die Arbeit sich deshalb manchmal so endlos und schwer an, weil ich dabei das Genießen und Feiern und vor allem das Ein-bisschen-stolz-auf-mich-Sein vergesse. Da habe ich wochenlang an einem Text gesessen und kaum ist er abgeschlossen, hetze ich schon weiter zum nächsten. Renne von einem Termin zum anderen und nicht selten laufen drei Projekte parallel nebeneinander. Ich dränge weiter und weiter und sehe nur noch die Arbeit und nicht mehr die Erfolge.

Im Garten habe ich einen kleinen Erntekorb. Da kommen all die Dinge hinein, die ich ernte. Und bevor sie nach Hause getragen und verarbeitet werden, da stehe ich oft eine Minute davor und freue mich darüber. Und manchmal, da fotografiere ich sie auch und schicke sie an all meine Freundinnen und Freunde und meine Familie. Weil ich so stolz bin und mich über die Früchte meiner Arbeit freue. Das, was ich (er)schaffen durfte.

Vielleicht sollten wir das auch mit unserer anderen Arbeit öfter mal machen. Nicht gleich den Computer runterfahren oder weiter hetzen, sondern einen kurzen Moment innehalten. Einen Schritt zurücktreten – nach einem abgeschlossenen Projekt oder einer langen Arbeitswoche. Nur einen klitzekleinen Moment innehalten und bestaunen, was da entstanden ist. Vielleicht ist nicht alles gelungen, aber ich wette, irgendetwas ist gut geworden. Und dann sollten wir uns selbst auf die Schulter klopfen und stolz sein auf das, was wir schaffen und welchen Beitrag wir leisten, in unserer Lohnarbeit, der Carearbeit, dem Ehrenamt. Einen kleinen Moment innehalten, bevor wir weiterrennen, und uns sagen: Das habe ich wirklich gut gemacht. Nicht, weil unsere Tomaten die größten und saftigsten sind, sondern weil da so viel

Vielleicht sollten wir das auch mit unserer anderen Arbeit öfter mal machen. Nur einen klitzekleinen Moment innehalten und bestaunen, was da entstanden ist.

von uns drinsteckt. Wenn ich darüber nachdenke, empfinde ich es nämlich jedes Mal als ein Wunder, dass wir mit an unserer Welt bauen und mit unserer Arbeit tatsächlich etwas erschaffen und verändern können.

Und während ich das Erntekörbchen mit Äpfeln und Sonnenblumen, ein, zwei Zwiebeln und ein paar Kräutern fülle, bestaune ich nicht nur die Früchte meiner Arbeit, ich staune auch, dass Gott mir so viel zutraut, dass er mich mitmachen lässt.

Alles, was ich ernte, im Garten und während der Arbeit, ist dieses erstaunliche Zusammenspiel zwischen meiner Arbeit und seinem Segen. Alles, was ich habe, ist Geschenk. Und gleichzeitig ist es auch etwas, für das ich hart gearbeitet habe – das sollten wir vor lauter falsch verstandener Demut nicht vergessen. Wenn wir die Früchte unserer Arbeit ernten und sie stolz herumzeigen, ehrt das, glaube ich, auch den, der uns die Kraft und Gaben gegeben hat, um zu arbeiten und zu erschaffen.

In diesem Sinne: Schau her! Das hier, das habe ich gemacht! Vorgezogen und eingekocht! Das habe ich selbst geschrieben und mir ausgedacht! Ich habe das gemacht! Schau, wie schön es geworden ist.

Erntedanktisch

Das Erntedankfest ist eine tolle Gelegenheit, die Früchte deiner Arbeit zu bestaunen und Gott dafür zu danken, dass er dir all das geschenkt hat. Wie wäre es, rund um Erntedank eine kleine Kiste als Erntedanktisch in dein Wohnzimmer zu stellen und dort deine Gartenschätze zu sammeln und zu bestaunen?

NACHLESE

Langsam gehe ich durch den Garten. Die meisten Beete sind schon abgeerntet, doch ich sammle die letzten Früchte ein. Ein einsamer Apfel, der noch an einem Ast hängt, eine Handvoll grüner Tomaten, drei kleine Himbeeren. Dazu die letzten Bohnen und eine Handvoll Mangold. Die große Ernte ist vorüber und ich lese das auf, was noch verloren auf den Beeten liegt.

Ich halte Nachlese, und das ist eigentlich verboten. Denn Gott gibt seinem Volk eine sehr klare Anweisung: Nach der ersten großen Weinernte soll es nicht drei Wochen später noch mal durchgehen und den Rest der Beeren holen. Gott möchte, dass sein Volk Ränder lässt. Dass bei der Getreideernte ein paar Seitenstreifen im Acker und im Weinberg ein paar Trauben übrig bleiben. Ganz konkret sagt er:

*Wenn du dein Land aberntest, sollst du nicht alles bis an die Ecken deines Feldes abschneiden, auch nicht Nachlese halten. Auch sollst du in deinem Weinberg nicht Nachlese halten noch die abgefallenen Beeren auflesen, … (*3. Mose 19,9-10 Luther)

Was sich auf den ersten Blick wie ein netter landwirtschaftlicher Ratschlag anhört, ist auf den zweiten Blick viel mehr, es geht nämlich noch weiter:

… sondern *dem Armen und Fremdling sollst du es lassen; ich bin der HERR, euer Gott. (*3. Mose 19,10).

Und weiter heißt es: *Vergesst nicht, dass ihr einmal Sklaven in Ägypten wart. Darum haltet euch an diese Gebote!* (5. Mose 24,22)

Das ist Gottes Herzschlag! Die, die oft übersehen oder zur Seite gestoßen werden, die kein eigenes Land und deshalb keine Möglichkeit zur eigenen Ernte haben, auf die richtet er sein besonderes Augenmerk. Und mit diesen Geboten schafft er für sie Möglichkeiten, durch Arbeit den eigenen Lebensunterhalt zu bestreiten. Nicht als Almosen, bei denen man auf die Güte der Reichen angewiesen ist, sondern als Möglichkeit, selbst zur eigenen Versorgung beizutragen, denn arbeiten und für sich selbst sorgen zu können, ist auch immer mit Würde und Selbstbestimmung verbunden.

Zugegeben, ich halte mich nicht an das Nachleseverbot. Zumindest nicht im wörtlichen Sinne. Nach der großen Tomatenernte öffne ich nicht unsere Gartentore, damit die restlichen vier Früchte eingesammelt werden können. Wir leben in einer Zeit mit anderen sozialen und ökonomischen Bedingungen. Aber nichtsdestotrotz will ich dem Herzschlag dieser Worte nachspüren. Ich will lernen, auch in meinem Leben Ränder zu lassen, um denen Raum zu geben, die vom Leben und unserer Gesellschaft so oft übersehen und überfahren werden.

Ich will aufhören, alles aus mir und meinem Leben herauszuquetschen, um eine möglichst große Ernte einzufahren, sondern auch Freiräume lassen, wo ich der Not derer begegnen kann, auf die ich treffe. Wenn ich ehrlich bin, dann gibt es diese Momente, in denen ich Angst habe, dabei zu kurz zu kommen, schließlich wird mein eigenes Feld durch die Ränder kleiner.

Und vielleicht sagt Gott deshalb so deutlich: *Vergesst nicht, dass ihr einmal Sklaven in Ägypten wart.* Vergesst nicht, dass auch ihr einmal ohne Land dastandet. Vergesst nicht, dass ich es war, der euch das alles hier geschenkt hat.

Und deshalb will ich anfangen, mich zu erinnern. An all die Situationen, in denen Gott mich versorgt und beschenkt hat. Weil es meinem Herzen die Angst nimmt, zu kurz zu kommen, und mir hilft, nicht zu vergessen.

Bitte nicht umgraben

Wusstest du, dass es von Vorteil ist, den Boden nicht umzugraben? Dadurch wird die natürliche Bodenstruktur und das Bodenleben erhalten, Unkrautwachstum minimiert, die Wasserspeicherung verbessert und du sparst dir viel Arbeit. Stattdessen mit einem Gruber oder einer Grabgabel den Boden vorsichtig lockern, mulchen und mit Kompost versorgen.

Nehmt euch der Hungernden an
und gebt ihnen zu essen, versorgt die Notleidenden
mit allem Nötigen! Dann wird mein Licht eure
Finsternis durchbrechen. Die Nacht um euch her
wird zum hellen Tag. Immer werde ich, der HERR,
euch führen. Auch in der Wüste werde ich euch
versorgen, ich gebe euch Gesundheit und Kraft.
Ihr gleicht einem gut bewässerten Garten
und einer Quelle, die nie versiegt.

(Jesaja 58,10f.)

NOVEMBERBLUMEN

Etwas traurig hängt unsere große Sonnenblume über dem Blumenbeet. Es ist Anfang November und während ich mich daranmache, unseren Garten einigermaßen winterfest zu machen, hat die Sonnenblume ihre besten Tage schon lange hinter sich. Mitte August war sie über einen Meter hoch, in voller gelber Blüte und immer umringt von summenden Bienen und anderen Insekten. Eine prächtige goldgelbe Schönheit, die alle überragte.

Ich will sie schon abschneiden und auf den Kompost werfen, da erinnere ich mich daran, dass ich gelesen habe, es sei gut, vertrocknete Blumen über den Winter stehen zu lassen, damit Insekten in den Stängeln nisten können, und besonders Sonnenblumenkerne seien im Winter eine wichtige Nahrungsquelle für heimische Vögel.

Also lasse ich die verblühte Blume stehen und frage mich, ob sie sich an die guten alten Zeiten erinnert, in denen sie voller Schönheit und Leben war. Aber dann trete ich einen Schritt näher und schaue noch mal ganz genau hin. Zwischen Altem und Verwelktem sehe ich auf einmal Hunderte von Sonnenblumenkernen, die erst jetzt, nachdem all die äußere Schönheit vergangen ist, reif geworden sind. Würde ich noch länger stehenbleiben, dann würde ich wahrscheinlich die Vögel sehen, die sich durchgefroren und hungrig Kerne aus dem braunen Blütenkopf picken und hier satt werden. Ich würde Samen sehen, die auf den Boden fallen und in sich neues Leben tragen, und im Frühling die neuen kleinen Pflänzchen, die daraus entstehen.

Seit diesem November liebe ich verblühte Novembersonnenblumen fast noch ein wenig mehr als die strahlend schönen Augustsonnenblumen. Weil man einen zweiten, liebevollen Blick braucht, um all die Schönheit und das Leben in ihnen wahrzunehmen.

Weil sie mir ein bisschen die Angst vor dem Älterwerden nehmen. Denn manchmal fürchte ich mich vor der Zeit, wenn meine „besten Jahre“ vorbei sind und ich ein wenig schlaff und verblüht da hänge. Ich habe Angst, dann lieblos auf den Kompost geworfen zu werden. Aber vielleicht sind wir ja auch Sonnenblumen und unsere beste Zeit ist nicht, wenn wir gelb und strahlend alle anderen überragen, sondern die kalten Wintermonate, wenn Menschen bei uns satt werden, einen geschützten Platz bei uns finden und wenn wir um uns herum kleine Samen voller Lebendigkeit und Schönheit säen.

Und vielleicht passiert das nicht in den Zeiten, in denen von außen alles sonnenblumengelb und erfolgreich aussieht, sondern im kalten November.

Novemberblumen

Wie wäre es, wenn du nächstes Jahr doppelt so viele Sonnenblumen pflanzt, wie du eigentlich brauchst? Die Hälfte kannst du dir für deine Vase abschneiden, die andere Hälfte darf über den Winter in deinem Garten stehen bleiben.

SÄEN, ERNTEN UND GARTENSCHÄTZE VOLLER GNADE

Es gibt ein Prinzip im Garten, das so offensichtlich ist, dass ich nie weiter darüber nachgedacht habe: das Prinzip von Saat und Ernte. Was ich im Frühjahr säe, werde ich (mit etwas Glück) im Herbst auch ernten. Aus Tomatensamen werden Tomatenpflanzen, aus Maiskörnern Maispflanzen und aus Zucchinikernen Zucchinipflanzen. Niemand steht vor einem Beet und sät Sonnenblumen in der Hoffnung, Erbsen zu ernten. Und noch nie habe ich von einem Gärtner gehört, der Kürbisse erntet, obwohl er Radieschen gesät hatte.

Und während dieses Prinzip im Garten so selbstverständlich ist, habe ich noch nie darüber nachgedacht, dass es in meinem Leben ganz ähnlich sein und was ich heute ernte, das Ergebnis dessen sein könnte, was ich selbst gesät habe. Und ich in ein paar Jahren ernten werde, was ich heute aussäe. Dass meine Worte, Gedanken und Handlungen nicht im Leeren stecken bleiben, sondern aufgehen und Früchte bringen.

Paulus schreibt in einem seiner Briefe:

Denn was der Mensch sät, das wird er auch ernten (Galater 6,7-8).

Und er meint damit nicht nur Radieschensamen.

Ich habe noch nie darüber nachgedacht, aber eigentlich klingt es ganz logisch, dass ich keine Hoffnung ernten werde, wenn ich Entmutigung und Verurteilung säe, oder dass aus Gier und Geiz keine Großzügigkeit wachsen wird. Deshalb will ich Gutes säen! Hoffnungsvolle, gütige Gedanken denken, Mut machende und aufbauende Worte sprechen. Und *nicht müde werden, Gutes zu tun (Galater 6,9),* auch wenn ich manchmal gar nicht weiß, wie.

Paulus schreibt in einem seiner Briefe: Denn was der Mensch sät, das wird er auch ernten (Galater 6,7-8). Und er meint damit nicht nur Radieschensamen.

In ehrlichen Momenten will ich mir genau anschauen, was ich heute

ernte, will meine Früchte betrachten, auch die schlechten und schimmligen. Will mich fragen, was ich gesät habe, das verdorbene, kranke Früchte hervorgebracht hat: Sorgengedanken, die zu Furcht wurden; Neid, der zu Missgunst herangewachsen ist; das Gefühl, zu kurz zu kommen, das zur Gier wurde; unausgesprochener Ärger, der Bitterkeit hervorbringt. Ja, ich will anfangen, das Gute zu säen, in mein Leben hinein und in das Leben von anderen. Großzügig mit vollen Händen.

Ach, und wie immer im Garten und im Leben gibt es auch hier Ausnahmen, denn ich ernte nicht nur, was ich gesät habe, sondern stolpere auch über Schätze: eine Kartoffelpflanze, wilde Rosen und Osterglocken, die wie aus dem Nichts auftauchen und die ich selbst nicht gesät habe. Kleine Gnadengeschenke, völlig unverdient und überraschend. Und jedes Jahr ernte ich Äpfel von einem Apfelbaum, den ich weder gesät noch gepflanzt habe. Neben all den Früchten meiner eigenen Aussaat haben auch andere Menschen Dinge in mein Leben gepflanzt: unsere Vorpächter, der die Margeriten und Akelei, einen Pflaumenbaum, Birnen, Äpfel und einen großen Haufen Pfingstrosen in meinen Garten gesetzt hat, sowie meine Eltern, die reichlich Güte und Liebe in mein Leben gestreut haben. Jugendleiter, die an mich geglaubt und bunte Ringelblumen überall im Garten verteilt haben. Freunde und Wegbegleiter, die mich mit Samentütchen voller Großzügigkeit und Freundlichkeit beschenken. Sie sind die großen Zugaben, die mich daran erinnern, dass das Leben Saat und Ernte ist, aber auch viel unverdiente Gnade.

Deshalb will ich das Gute säen, damit ich Gutes ernten kann. In meinem Leben, aber auch in das Leben anderer hinein. Und gleichzeitig will ich mit der Gnade rechnen, die mir so viel mehr schenkt, als ich je gesät habe.

Blumensamen gewinnen

Saatgut selbst zu ernten ist einfach. Achte darauf, reife Samenstände auszuwählen, die an ihren dunklen Blütenständen zu erkennen sind und sich leicht aus den Samenkapseln lösen. Fange das Saatgut in einer Schüssel auf und lasse es gut trocknen. Nach ein paar Tagen kannst du vertrocknete Blumenreste entfernen. Besonders schön kannst du die Samen in selbst gebastelten Samentütchen aufbewahren oder verschenken.

VERGÄNGLICHKEIT

Der Herbst hat seine bunten, erntereichen Tage hinter sich gelassen. Die Beete sind längst abgeerntet. Nur noch einzelne Blätter hängen verloren an den Ästen, hier und da liegt ein schrumpeliger Apfel im Gras, die bunten Blumen sind längst verblüht. Der Garten bereitet sich auf den Winter vor. Und während die Tage nach und nach dunkler und kälter werden, da flüstert mir mein herbstkalter Garten etwas zu, was ich im bunten Sommer und geschäftigen Frühling so oft überhöre: dass auch ich irgendwann gehen werde.

Oft will ich das gar nicht hören. Will den Gedanken wegdrücken. Ihn unter Arbeit vergraben, einfach ein paar Schaufeln Erde drüber werfen oder ihn im Lärm meines Alltags ruhigstellen, ihn verdrängen oder mich selbst beschwichtigen – ich bin ja schließlich noch jung, ich habe ja noch Zeit! Aber an graukalten Gartentagen, da holt er mich ein. Und manchmal, wenn ich es schaffe hinzuhören, dann zeigt sich, dass er viel weniger beängstigend ist, als ich es mir eingeredet habe. Dann lauert er nicht länger wie ein Schreckgespenst über meinem Leben, sondern dann kann dieser Gedanke auch eine Einladung sein.

In den Psalmen heißt es an einer Stelle: „Lehre uns bedenken, dass wir sterben müssen, auf dass wir klug werden.“ (Psalm 90,12) Wenn das stimmt, dann kann das Nachdenken über die eigene Vergänglichkeit uns tatsächlich zeigen, wie man gut leben kann. Also setze ich mich in unseren herbstgrauen Garten auf die feuchte Bank, betrachte verblühte Blumen und kahle Äste und lasse mich auf diesen Gedanken ein. Und während ich ihm nachgehe, kommen mir zwei Dinge in den Sinn.

Zum einen denke ich daran, dass ich leben will! Es gibt noch so viele Dinge, die ich tun möchte. Ich will unbekannte Orte entdecken, will um den See Genezareth wandern, in Portland Kaffee trinken und den Louvre besuchen. Ich will schnorcheln gehen und Töpfern lernen. Ich will in Seen baden und im Meer schwimmen, arbeiten und feiern und einen alten Wohnwagen ausbauen. Ich will mir weniger Sorgen machen, noch ein paar Sonnenuntergänge sehen, in Italien Pizza essen und unzählige Stunden mit meinen

Freunden am Lagerfeuer sitzen! Und vor allem anderen will ich meine Kinder aufwachsen sehen und mit Daniel alt werden. Alltagsmomente mit ihnen teilen und kleine Abenteuer erleben. Ich will etwas tun, das die Welt ein kleines Stückchen besser und bunter macht. Und lernen zu lieben, so richtig bedingungslos. So viele Pläne, die noch gelebt werden wollen. Und wenn ich daran denke, dass auch mein Leben irgendwann zu Ende ist, dann macht mir das Mut, diese Dinge nicht länger auf später zu verschieben, sondern mein Leben mit Schönem zu füllen.

Aber ich denke nicht nur ans Leben, sondern auch ans Sterben. Daran, dass es mir manchmal ziemlich Angst macht. Dass ich nicht gehen und auch niemanden zurücklassen will. Dass die Vorstellung von Krankheit, Altwerden und Tod mir in manchen Nächten einen kalten Schauer über den Rücken jagt.

Aber ich denke auch daran, dass ich an einen Gott glaube, der von sich sagt: Ich habe den Tod besiegt! Dass der Tod seine Macht und seine Endgültigkeit verloren hat. Und dort, mitten in meinem kalten Novembergarten, wird mein Herz auf einmal ganz warm, weil ich ganz neu begreife, welchen großen Schatz ich doch in mir trage: sagen zu können, dass der Tod nicht das Ende ist, und zu glauben, dass das, was nach ihm auf mich wartet, so viel schöner und größer ist als alles, was ich jemals gesehen habe. Dass all das gute Leben, das ich hier erleben darf, nur ein winzig kleiner Vorgeschmack auf das ist, was mich erwartet. Welche große Hoffnung ich doch habe, dass ich an einen Gott glaube, der mich selbst im Sterben niemals alleinelassen wird, weil er versprochen hat, selbst im Todestal nicht von meiner Seite zu weichen.

Also sitze ich da, mitten im Herbstgarten, der mir von meiner und seiner Vergänglichkeit erzählt. Und während ich darüber nachdenke, da finde ich nicht den Tod, sondern das Leben.

Welche große Hoffnung ich doch habe, dass ich an einen Gott glaube, der mich selbst im Sterben niemals alleinelassen wird, weil er versprochen hat, selbst im Todestal nicht von meiner Seite zu weichen.

Vergissmeinnicht

Vielleicht magst du als Erinnerung an einen geliebten Menschen etwas in deinen Garten pflanzen, das dich an ihn erinnert? Einen Kirschbaum für den Opa, der Kirschkuchen geliebt hat, oder Margeriten für die Lieblingstante, die selbst viele Margeriten in ihrem Garten hatte.

Gott segne deinen Herbst

Gott segne deinen Herbst,
dass du all die bunten Farben einsammeln und dir
im Herzen bewahren kannst.
Er segne dich mit offenen Augen, um all die
kastaniengroßen Schätze, die auf deinem Weg
liegen, zu entdecken.
Er segne deinen Erntekorb, dass du ihn prall gefüllt
und voller Stolz nach Hause tragen kannst.
Gott segne deinen Herbst,
dass er dich satt und dankbar macht
und dir Vorräte schenkt für den Winter.

Winter

Es ist Winter.

Still liegt der Garten da. Kalt und erstarrt in tiefem Winterschlaf.

Die letzte Ernte ist längst vorüber, der Frühling lässt noch auf sich warten.

Fast vergessen sind die sonnenwarmen Stunden und die bunten Farben des Herbstes. Nur eine dünne Laubschicht erinnert an das, was mal war.

Frost lässt alles unter sich erstarren. Die Tage werden kürzer und immer dunkler.

Und während ich an den kalten, eisigen Tagen immer seltener in den Garten gehe, kommt mit dem Winter auch die Einladung, still zu werden, auszuruhen, langsamer zu werden und von den Vorräten des Sommers zu zehren.

Ich finde Gott im Winter.

Im Warten und im Aushalten. In den kalten dunklen Zeiten. Dann, wenn Kälte und Dunkelheit alles in mir zum Erstarren bringen. Wenn ich mich verloren und verlassen fühle.

Dann will ich festhalten und dem Winter ein trotziges „trotzdem“ entgegen glauben.

Und mich an den klammern, der mich durch den kalten Winter trägt.

WINTERSTILLE

Regungslos liegt mein Wintergarten dar. Wie verzaubert, nur von einer dünnen Schneeschicht bedeckt. Die Beete sind längst abgeerntet, die ersten Frühlingsboten lassen noch eine Weile auf sich warten. Und so tut er, was er schon die letzten Wochen getan hat: nichts. Absolut nichts. Tage-, wochen-, monatelang. Kein Säen, kein Ernten, nicht einmal ein kleines bisschen Wachstum. Völlig in sich versunken steht er still.

In einer Welt, in der jeder darauf abzielt, sich ständig zu verbessern und über sich selbst hinauszuwachsen, nimmt sich mein Garten jeden Winter die Zeit, mehrere Monate völlig brachzuliegen. Ja, mehr noch! All die kleinen Erfolge und großen Ernten des letzten Jahres sterben mit den Nachtfrösten ab. Und so zeigt sich der Garten im Winter verletzlich und kahl. Nackte Beete, die nichts vorzuweisen haben.

Die ruhigen, regungslosen Wintermonate gehören ganz selbstverständlich zum natürlichen Rhythmus der Jahreszeiten dazu. Wie der Frühling, in dem ich säe und alles zu neuem Leben erwacht. Der Sommer mit all seinen bunten Farben, arbeitsreichen langen Tagen und den ersten Früchten. Und der Herbst mit seiner großzügigen Ernte und den bunten Blättern.

Vielleicht sollte er auch wieder ein normaler Teil unseres Lebens werden. Wochen, in denen nichts Aufregendes passiert. In denen wir nicht an uns arbeiten, uns verbessern oder aufblühen müssen. In denen es keine Highlights oder großen Erfolge gibt. In denen wir einfach langsamer werden und von allem ein bisschen weniger tun. Stille Winterwochen, in denen unsere Seele Zeit hat, hinterherzukommen, stillzustehen und Atem zu holen.

Und mit seinen kurzen Tagen und den leeren Beeten, da hat der Winter auch eine Frage im Gepäck. Wer bin ich, wenn ich nichts zu geben habe? Was bleibt übrig, wenn ich nichts mehr tue? Eine Frage, die ich mit der Winterruhe aus meinem Leben verbannt habe, und der Grund, warum alles in mir unruhig wird,

Wer bin ich, wenn ich nichts zu geben habe? Was bleibt übrig, wenn ich nichts mehr tue?

wenn ich nur ans Nichtstun denke. Manchmal, da zwingt uns das Leben seinen Winter auf. Eine Krankheit, die uns alle Lebenskraft raubt. Eine Krise, die uns wie paralysiert zurücklässt. Arbeitslosigkeit und das Gefühl, in die Teilnahmslosigkeit gezwungen zu sein. Die Gebrechlichkeit des Alters. Ja, wer bin ich dann noch? Dann, wenn ich nichts mehr tun kann.

Theoretisch kenne ich die Antwort darauf: Geliebt bin ich. Auch wenn alles andere aufhört. Von dem, der mich ins Leben rief und seitdem nicht mehr verlassen hat und mich bei meinem Namen nennt. Auch wenn alles andere vergeht, das ist das eine, was bleibt. Aber mein Herz, das zweifelt noch so oft daran. Denkt, es müsse sich beweisen, etwas beitragen, und wird deshalb so unruhig, wenn es nichts zu tun hat. Ja, wer bin ich dann noch?

Der Winter mit all seinen stillen, regungslosen Wochen lädt uns ein, uns auf diese Frage einzulassen, bevor Krisen sie uns aufzwingen. Wir dürfen uns auf die Suche nach einer Antwort machen oder das, was wir theoretisch wissen, auch in unser Herz rutschen lassen. Wir dürfen uns einlassen auf Wochen voll bedeutungslosen Nichtstuns und Stillstand wieder zum Teil unseren natürlichen Rhythmus werden lassen.

Und manchmal, da bringt uns der Winter nicht nur diese Frage, sondern auch ein kleines Stück der Antwort näher. Wenn das passiert, beschenkt er uns auf eine Art, wie der Sommer es niemals könnte.

Garten winterfest machen

- Schaukel, Trampolin und Gartenmöbel abdecken oder geschützt lagern
- Wasser abstellen und Wassertonnen leeren
- Laub vom Rasen zusammenrechen und entweder auf die leeren Beete verteilen oder auf den Kompost
- Fruchtmumien (alte, verrottete Früchte) aus den Obstbäumen entfernen
- Frostempfindliche Pflanzen reinholen oder ausgraben (Dahlienknollen)
- empfindliche Pflanzen (z.B. Pfirsich- oder Feigenbäume) mit Jutesäcken schützen
- Stauden nicht zurückschneiden, sondern stehen lassen

OBSTBAUMSCHNITT

Todesmutig hänge ich in unserem Apfelbaum. Ein beherzter Schnitt, lautes Krachen und der Ast vor mir fällt auf den Boden zwischen all die anderen Äste, die dort bereits liegen. Mitten im Winter, wenn es im Garten sonst nichts zu tun gibt, wird es Zeit für den Obstbaumschnitt. Der ist wichtig, um die Bäume gesund zu halten, und sorgt für eine gute Ernte. Zum einen, weil durch die verbesserte Luft- und Lichtzufuhr Krankheiten vorgebeugt wird, zum anderen kann der Baum mehr Energie in die Entwicklung guter und gesunder Früchte stecken, wenn schwache, beschädigte oder einfach zu viele Äste entfernt werden. Mittlerweile geht der Trend zwar dahin, auch im Sommer zu schneiden, allerdings gibt es im Garten da meistens so viel zu tun, dass ich es schlicht und einfach vergesse.

Also stehe ich in unserem Apfelbaum und kappe all die unnötigen Zweige. Welche das sind, ist gar nicht so einfach herauszubekommen. Eigentlich wollte ich mich dafür zu einem professionellen Baumschnittkurs anmelden, allerdings ist dann wie so oft das Leben mit all seinen Terminen dazwischengekommen. Dafür habe ich mir gut ein Dutzend YouTube-Videos angeschaut und in unserem Garten lautet sowieso das Prinzip: einfach mal machen und dabei dann lernen, wie es funktioniert. Und so lege ich los und schneide mit meinem freudigen Halbwissen einen Ast nach dem anderen ab. Als ich nach einer gefühlten Ewigkeit vom Baum klettere, bin ich schockiert von dem riesigen Berg an Ästen, der vor mir liegt. War das vielleicht doch zu viel?

Der Grund, warum ich mittlerweile so mutig schneide, sind die Jahre davor, in denen ich mich nicht richtig getraut und nur vereinzelt ein paar Ästchen entfernt habe. Da wachsen doch überall Äpfel dran! Und ich wollte eine reiche Ernte und brachte es einfach nicht übers Herz, Äste zu entfernen, an denen vielleicht doch noch was wachsen könnte.

Ende September stand ich dann da. Mit einem Berg voller winzig kleiner Äpfel, von denen nach Schälen und Entkernen fast nichts übrig blieb. Seitdem wird im Winter kräftig ausgedünnt und im Herbst darf ich dafür große Früchte ernten. Denn so steckt unser

Apfelbaum all seine Energie in weniger Äpfel und lässt die dafür groß und lecker werden, statt sich in seinen Ästen zu verzetteln. Vielleicht ist das gar nicht so schlecht, viele Dinge abzuschneiden, um die begrenzte Kraft in einige wenige zu stecken. Gleichzeitig ist der Gedanke ganz schön herausfordernd, denn dazu muss ich mich fragen, welches die wichtigen Äste sind. Und dafür gibt es leider keinen professionellen Schnittkurs und auch keine Youtube-Videos.

Fast eine Stunde war ich am Ende beschäftigt, um die abgeschnittenen Äste zusammenzutragen und wegzuräumen, und auch ein bisschen stolz auf mich, dass ich in diesem Jahr so mutig abgeschnitten hatte.

Drei Tage später kommt unser Gartennachbar, der inoffizielle Baumschnittkönig unserer Gartenanlage, an unserem Garten vorbei. Nach kurzer Begrüßung und einem fachmännischen Blick zu unseren Bäumen meint er, dass jetzt so langsam Zeit wäre, die Bäume zu schneiden. Als ich ihm erkläre, dass ich das erst vor drei Tagen gemacht habe, kann er sich ein Grinsen nicht verkneifen. Also klettere ich noch mal rauf auf den Baum. Lasse mir von ihm zeigen, welche Äste ab müssen, und schneide noch mal einen großen Haufen runter. So gut, wie ich dachte, bin ich im Obstbäumeschneiden wohl doch noch nicht. Meistens darf noch viel mehr ab als gedacht.

Daheim greife ich mir einen Rotstift, blättere durch meinen Kalender, gehe Pläne, Vorsätze, Träume, Verpflichtungen und Termine durch. Schau hier und da, was noch wegkann, und als ich denke, es ist genug, drehe ich eine zweite Runde und schneide noch mal einen ganzen Haufen ab.

Auf den ersten Blick sieht alles ein bisschen nackt aus und ich erschrecke über all die Zweige am Boden. Über all meine „Neins" und „das verschiebe ich auf nächstes Jahr!"

Doch gleichzeitig weiß ich, dass in ein paar Wochen, wenn der Baum voller Blüten ist, er ganz und gar nicht mehr kümmerlich aussehen wird. Und dann, im Herbst, trägt er hoffentlich große, gesunde Früchte. Weniges, zu dem ich „ja" gesagt habe, aber für das genug Energie da war und das deshalb gut wachsen konnte.

Wenige üppige statt vieler kleiner, verzettelter Früchte.

Abgeschnittene Äste

Die abgeschnittenen Äste vom Obstbaumschnitt kann man im Garten sehr gut weiterverwenden.

1. Totholzhaufen sind tolle Unterschlupfmöglichkeiten für Tiere, Vögel und Insekten aller Art. Wer es ordentlicher haben will, kann daraus eine Benjeshecke bauen.

2. Äste trocken lagern und fürs Lagerfeuer benutzen.

3. Gerade Stäbe sind tolle Stützhilfen für Tomaten, Bohnen und Dahlien.

4. Lange Stöcke vorne anspitzen und fürs Stockbrot verwenden.

5. Einen Häcksler leihen und daraus Hackschnitzel machen. Im Gegensatz zum Rindenmulch machen Holzhäcksel den Boden nicht sauer und sind perfektes Mulchmaterial.

Wer Gott liebt,
gleicht einer immergrünen Palme,
er wird mächtig wie eine Zeder auf dem Libanongebirge. Er ist wie ein Baum, der im Vorhof des Tempels gepflanzt wurde und dort wachsen und gedeihen kann. Noch im hohen Alter wird er Frucht tragen, immer ist er kraftvoll und frisch. Sein Leben ist ein Beweis dafür, dass der HERR für Recht sorgt. Bei Gott bin ich sicher und geborgen; was er tut, ist vollkommen und gerecht!

(Psalm 92,13-16)

WINTERSCHLAF

Ich bin müde. Spätestens um fünf fühle ich mich, als hätte mich ein Lastwagen überrollt, und ich frage mich, wie ich die Stunden, bis die Kinder im Bett sind, überstehen soll. Meistens klappt es dann doch irgendwie, aber spätestens um neun Uhr schlafe ich völlig fertig auf dem Sofa ein. Ich muss mich nur ein bisschen mehr zusammenreißen, denke ich. Ein bisschen disziplinierter sein. Aufgaben, Haushalt, Mails und Ideen warten. So viele „Eigentlich sollte ich ja …" und „Ich könnte doch …"

Wenn ich dann ein paar freie Minuten habe, sitze ich in meinem Sessel und starre vor mich hin. Sogar für die vielen schönen Dinge, die mir theoretisch möglich wären, fehlt mir die Kraft. Ich bin müde. Gespräche mit Freunden und Bekannten zeigen mir, dass ich damit nicht alleine bin. Es gibt so viele, denen es ähnlich geht. Die der Winter mit seinen dunklen, nasstrüben Tagen fest im Griff hat. Doch was sich so schwer anfühlt, ist eigentlich ganz normal. Es ist der Rhythmus, den uns die Schöpfung vorlebt.

Die Zeit für Vorbereitungen und das Sammeln von Nüssen und Beeren, für das Höhlenbauen und Projekte Starten, ist vorbei. Der goldene Herbst mit all seinen bunten Farben und Früchten ist den grauen Nebeltagen und dem ersten Frost auf den Dächern gewichen. Es sind die Tage, in denen in der Natur alles langsamer wird und zum Stillstand kommt. Es ist die Zeit des Winterschlafs.

Alle Aktivitäten werden heruntergefahren. Temperatur, Atmung, Herzschlag. Man lebt von den Reserven der vergangenen Monate. Wie die Braunbären und Igel, die sich im Herbst eine hübsche Fettschicht angefressen haben und die kalten Tage einfach verschlafen, oder Eichhörnchen und Siebenschläfer, die von ihren gesammelten Vorräten leben und nur kurz aufwachen, um zu fressen. Das einzige Ziel ist, zu überleben und gut durch den Winter zu kommen.

Während mir diese Gedanken kommen, muss ich lächeln. Wie schön das wäre! Winterschlaf halten. Oder wenigstens Winterruhe. Von gesammelten Vorräten leben, alle Aktivitäten auf ein Minimum reduzieren, einfach nur den Alltag mit seinen

Alltagsaufgaben abwickeln. Keine Projekte, keine Überstunden, keine Extraarbeit. Keine neuen Pläne oder Vorsätze. Wie sich das wohl anfühlt? Ob ich das noch kann? Ganz viel Langsamkeit und Nichtstun und einfach so gut es geht durch den Winter kommen. Vielleicht bin ich damit ein bisschen spät dran. Hätte im Herbst schon Vorräte anlegen und viel besser vorplanen sollen. Aber wie schön das wäre! Ruhiger werden, lesen und warme Suppe essen. Früh schlafen gehen, ohne schlechtes Gewissen. Und wenn jemand krank wird, wie es eigentlich ständig in dieser Zeit passiert, würde das nicht mal alles durcheinanderwerfen, weil ich ja sowieso nichts vorhabe.

Je mehr ich darüber nachdenke, desto besser gefällt mir der Gedanke. Und da fällt der Entschluss: Ich bin dann mal weg, ziehe mich in meine Höhle zurück und halte Winterschlaf. Oder mach zumindest ein paar Wochen ein bisschen langsamer.

Ich bin dann mal weg, ziehe mich in meine Höhle zurück und halte Winterschlaf.

3 Dinge, die man im Winter für die Tiere im Garten tun kann

1. Kleine Laubhaufen und Holzstapel an geschützten Stellen liegen lassen.

2. Für Nahrung sorgen (Hagebutten, Sonnenblumenkerne, heimische Beerensträucher).

3. Stauden-Beete im Herbst nicht zurückschneiden.

EINEN HAUFEN MIST ZUM GEBURTSTAG

An meinem Geburtstag steht meine Freundin mit einem ganz besonderen Geschenk vor meiner Türe: einem Bottich voller Schaf-Kacke. Was sich im ersten Moment etwas seltsam anhört, ergibt Sinn, wenn man weiß, dass abgelagerter Mist allerbester Dünger und Bodenaufwerter ist! Und da wir nun mal in einer kleinen Stadt wohnen, ist es gar nicht so einfach, an Mist zu kommen. Dazu muss man tagelang das Internet durchforsten und dann enttäuscht wieder absagen, weil man nicht genau weiß, was in dem Tierfutter und damit dann auch im Mist so alles drin ist.

Mist zu beschaffen ist also eine sehr schwierige Angelegenheit – außer man hat eine Freundin, die einem allerbesten Bio-Mist zum Geburtstag schenkt! Auch wenn es sehr viel Überredungskünste gekostet hat, sie davon zu überzeugen, dass ich mir das wirklich (wirklich!) wünsche, viel mehr noch als ein Buch, Blumen oder einen Café-Gutschein.

Und tatsächlich war es in diesem Jahr das schönste Geschenk, das ich bekommen habe. Weil ich nicht den Kübel voller Kacke gesehen habe, sondern die Zucchini und Kürbisse und Tomaten, die darauf wachsen, und all die Regenwürmer, die sich darin tummeln würden. Ich habe unsere momentan so ausgelaugten Beete gesehen und all die Blumen, die da wachsen könnten und mich das ganze Jahr über mit Geburtstagsblumensträuße versorgen werden!

Während ich also den Kübel voller Mist vorsorglich auf den Balkon packe (mitten ins Wohnzimmer auf den Geschenketisch wollte ich ihn dann doch nicht stellen), muss ich an unsere kleine Gemeinde denken. In ihrer Anfangszeit war eines ihrer Mottos: „Jesus kann aus deiner Scheiße Gold machen!“

Wie wahr das ist und doch wie unangenehm! Vor Jesus zu stehen mit einem Kübel voller Mist. Ihm all das zu geben, was in unserem Leben nicht gut läuft. Unsere Schuld und unser Versagen. Die Fehler, die wir immer wieder machen, aber auch unsere Schwachheit, unser Nichtkönnen. Unseren Schmerz, unsere Krankheit, unsere Wut und all die Scham. Zum Glück ist er auch ziemlich gut darin, uns immer wieder dazu zu überreden, ihm unseren Mist zu schenken.

Und wie oft darf ich dann erleben, dass Jesus nicht meine Stärken und großen Siege verwendet, sondern gerade die Schwächen, die Fehler und die ganze andere Scheiße in meinem Leben und daraus etwas Großartiges wachsen lässt. Manchmal denke ich, dass er gerade daran besonderen Gefallen findet, unsere Schwachheit und nicht unser Starksein zu gebrauchen, und dass er viel weniger Probleme mit unserem Mist hat als wir.

Was wäre die Alternative? Ich könnte all meinen Mist verstecken

Solange wir leben, werden wir versagen. Wir werden Menschen verletzen und Schuld auf uns laden, Herzen brechen und Fehler machen. Deshalb brauchen wir unbedingt einen Ort, wo wir mit all dem hingehen können.

(keine gute Idee, dann fängt das Ganze nämlich an zu stinken!) oder die Schuld jemand anderem zuschieben (wodurch sie meistens nur noch größer wird), versuchen, mich zu rechtfertigen oder ihn kleinzureden (wir sind manchmal sehr kreativ, was das anbelangt) – und ihn einfach hübsch anzustreichen ist auch keine Lösung. Und ja, am allerliebsten will ich vermeiden, dass er mir passiert. Aber solange wir leben, werden wir versagen. Wir werden Menschen verletzen und Schuld auf uns laden, Herzen brechen und Fehler machen. Deshalb brauchen wir unbedingt einen Ort, wo wir mit all dem hingehen können. Wie gut, dass wir den haben!

Ich darf einfach zu Jesus laufen, kurz klingeln und ihm meinen Eimer (manchmal auch ein paar Schubkarrenladungen) voller Mist entgegenstrecken. Er wird voller Freude öffnen und sagen: „Gut, dass du ihn zu mir bringst, ich kümmere mich drum!“ Und dann wird er ihn nehmen und etwas Wundervolles daraus wachsen lassen.

Vielleicht ein paar Tomaten oder Sonnenblumen.

Gartengold

Gemüseschalen und Obstreste sind viel zu schade für die Tonne! Daraus lässt sich nämlich ganz wunderbarer Humus herstellen! Neben dem klassischen Gartenkompost gibt es mittlerweile auch Alternativen: Bokashi (Küchenabfälle werden mit speziellen Mikroorganismen fermentiert), Innenkomposter oder Wurmkisten (auf die wir schwören!). Die daraus entstandene Erde ist wahres Gartengold und allerbester Dünger!

WAS SOLL HIER WACHSEN?

Mitten im kalten, verschneiten Januar ist es endlich so weit. Wenn der Garten im tiefen Winterschlaf liegt und noch lange kein Ende in Aussicht ist, dann ist es Zeit für eine meiner allerliebsten Aufgaben: die Gartenplanung. Zugegeben, es gab noch kein Jahr, in dem ich mich an meine eigene Anleitung gehalten habe, denn meistens habe ich zwischendrin so viele Ideen, dass ich alles wieder über den Haufen werfe, noch zwei neue Beete anlege und die übrigen Pflanzen irgendwo ins Blumenbeet quetschen muss. Nichtsdestotrotz mache ich mich ans Werk.

Anfangs achte ich noch auf die Fruchtfolge (stark zehrende Pflanzen wie Kürbisse immer gut mit Schwachzehrern wie Salat oder Zwiebeln abwechseln, damit nicht alle Nährstoffe verbraucht werden) und gute Nachbarschaft (Tomaten und Knoblauch vertragen sich hervorragend, wobei Bohnen neben Erbsen ziemlich schnell eingehen), bis mir alles zu kompliziert wird, ich einfach auf das Beste hoffe und dass sich alle einigermaßen vertragen werden.

Bei den Erdbeeren habe ich schon längst den Überblick verloren (die sollten nämlich alle drei Jahre ausgetauscht werden), aber irgendwann kümmere ich mich auch darum. Ich plane kleine Gartenprojekte (die Bierbänke streichen und ein neues Himbeerbeet anlegen und endlich mal die Hütte ordentlich aufräumen), nehme mir fest vor, mich beim Vorziehen dieses Jahr auf ein Minimum zu beschränken (nur Sonnenblumen und Tomaten!), und werde dann doch wieder schwach, als mir eine Freundin ein Päckchen mit Zinniensamen schenkt.

Während ich in Gedanken ein Beet nach dem anderen fülle, frage ich mich, was in meinem Leben dieses Jahr wachsen soll. Freude? Geduld? Güte? Freundlichkeit? Wie schön wäre es, wenn ich einfach zur nächsten Gärtnerei gehen und kleine vorgezogene Barmherzigkeits-Setzlinge kaufen könnte.

Wie schön wäre es, wenn ich einfach zur nächsten Gärtnerei gehen und kleine vorgezogene Barmherzigkeits-Setzlinge kaufen könnte.

Dann nur noch tapfer gegen die gefräßigen Schnecken verteidigen und in ein paar Monaten ernten. Oder wie gerne würde ich Friedenssamen ausstreuen, in alle Himmelsrichtungen verteilen, gut angießen und hoffen, dass wenigstens ein Teil von ihnen aufgeht und zu großen schattenspendenden Bäumen wird, in deren Schatten es sich jeder in Hängematten gemütlich machen kann. Wie schön wäre es, wenn man Großzügigkeit pflanzen könnte, die in allen bunten Farben des Sommers blüht und die man dann im Herbst an die Nachbarn verschenken kann.

Und vielleicht ist es gar nicht so abwegig, sich zu fragen, was dieses Jahr im eigenen Leben wachsen soll. Während ich darüber nachdenke, male ich ein weiteres kleines Beet in meinen Gartenplan. Ich schreibe Dinge hinein, die in meinem Herzen wachsen sollen, und versuche, mich auf weniges zu beschränken, damit ich mich auch gut darum kümmern, es gießen und pflegen kann.

Ich schreibe „Freude" und „Güte", und später, wenn es wieder in den Garten geht, will ich bunte Schilder malen und sie mitten in die Beete stecken. Und während ich Zucchini gieße und Tomaten ausgeize, Unkraut jäte und Beete mulche, will ich beten und glauben, dass auch ein bisschen was von diesen Samen aufgehen und wachsen darf.

Auf gute Nachbarschaft!

Es gibt Pflanzen, die sich gegenseitig sehr guttun und die man unbedingt zusammen anpflanzen sollte:

Basilikum und Tomaten

Gurken und Borretsch (auch Gurkenkraut genannt)

Kürbis, Mais und Bohnen

Karotten und Zwiebeln

SOMMERKIRSCHEN IM WINTERGARTEN

Mit einem kurzen „Plopp" löst sich das Gummi von dem Einmachglas und dunkelroter Kirschsaft spritzt in alle Richtungen. Das Waffeleisen zischt, es ist ein eiskalter Wintersonntag und wir sitzen dick eingemummelt in unserer Gartenhütte und essen Waffeln mit eingeweckten Kirschen aus unserem Garten. Die Jungs durften sich diesen Sonntag eine Nachmittagsbeschäftigung aussuchen und hatten sich gewünscht, in den Garten zu gehen (keine Ahnung, wie sie bei minus 10 Grad auf die Idee kamen!). Und so sitzen wir mit Wintermützen da und essen Waffeln.

Wenn ich aus dem Dachfenster der Gartenhütte schaue – gleich neben dem Schlafplatz, der so winzig und mit Kissen vollgestopft ist, dass man es sich darin sehr gut gemütlich machen kann –, sieht man den Baum, von dem die eingemachten Kirschen stammen. Wie anders er aussieht! Verloren strecken sich die Äste in den trüben Winterhimmel, und wenn man ihn anschaut, kann man kaum erahnen, dass er noch vor ein paar Monaten voller grüner Blätter hing. Und hätte ich nicht noch rote Spritzer an meinem Pullover und den süß-säuerlichen Kirschgeschmack im Mund, könnte ich es fast nicht glauben, dass an diesem Baum tatsächlich einmal eimerweise dunkelrote Kirschen wachsen werden.

Vielleicht braucht man zum Glauben manchmal eingeweckte Sommervorräte. Winzig kleine Momente, die uns daran erinnern, dass das, was tot und hoffnungslos aussieht, was wir schon längst abgeschrieben haben, doch voller Leben ist und nur auf den Frühling und die ersten Sommertage wartet.

Vielleicht braucht man zum Glauben manchmal eingeweckte Sommervorräte. Winzig kleine Momente, die uns daran erinnern, dass das, was tot und hoffnungslos aussieht, was wir schon längst abgeschrieben haben, doch voller Leben ist und nur auf den Frühling und die ersten Sommertage wartet.

Gerade im Winter fällt es mir so schwer zu glauben, dass am Ende alles gut sein wird. Dass die harte Zeit und die kalten Monate nicht immer bleiben und irgendwann der Frühling kommt. Und dann passiert es immer mal wieder, dass ich kleine Versprechen kosten darf, die mir vom Sommer erzählen: ein Lied, das mich berührt, ein Gespräch, das tiefer geht als gedacht, ein Buch, das scheint, als wäre es nur für mich geschrieben. Als ob Jesus mich zum Waffelessen einlädt und mich ein bisschen vom Sommer schmecken lässt, um mir zu versichern, dass am Ende alles gut wird.

Kirschen mitten im Winter, das ist eine Erinnerung an das Vergangene und ein Versprechen des Zukünftigen. Und so sitze ich in der kleinen Hütte, während draußen der Garten mit unserem Kirschbaum im eisig kalten Winterschlaf liegt. Neben mir zischt das Waffeleisen und in meinem Mund, da schmecke ich jetzt schon den Sommer.

Geschenke aus dem Garten

Unser Vorratsschrank ist voller kleiner Geschenke aus dem Garten – ideal für Weihnachten, als Gastgeschenk oder einfach so.

Hier ein paar Ideen: Tee, Chutneys, selbst gemachter Essig, Kräutersalz, Himbeerzucker, Marmeladen, Sirup (für Limonade), selbst gemachte Kräutermischungen, Kräuteröle …

LUTHERS APFELBAUM

Eigentlich wollte ich nur ein paar Tomaten und eine Handvoll Sonnenblumen für das kommende Gartenjahr vorziehen. Ich war fest entschlossen, es in diesem Jahr langsam anzugehen. Ich wusste, dass dieser Sommer ziemlich voll werden würde. Die Geburt unserer Tochter stand vor der Tür, letzte Buchkorrekturen und ein paar Vorlesungen, die ich zu Ende bringen wollte. Auch ohne große Gartenprojekte war ich schon ziemlich überfordert, deshalb war ich eigentlich fest entschlossen, wenigstens die Arbeit im Garten auf ein Minimum zu reduzieren. Eigentlich.

Denn dann kam der Angriff auf die Ukraine. Und mitten im dunklen Februar wurde es um uns herum noch ein bisschen dunkler. Also surfte ich mich durch sämtliche Gartenvideos, die ich auf YouTube finden konnte. Ich googelte „Solidarische Landwirtschaft", „Permakulturgarten" und träumte von eigenen Hühnern. Ich folgte jedem zweiten Garten-Account, der mir bei Instagram über den Weg lief, und zu guter Letzt warf ich meinen Gartenplan komplett über den Haufen und säte alles, was mir in diesen Tagen in die Hände fiel: Salat, Kürbisse, Gurken, Zucchini, Erbsen, Bohnen, Zinnien, Sonnenblumen und noch vieles mehr.

Weil es das ist, was ich tue, wenn die Welt um mich herum im Chaos versinkt. Wahrscheinlich haben wir alle in den letzten paar Jahren unsere kleinen Ticks entwickelt, wie wir mit dem Gefühl von Angst und Ohnmacht umgehen. Meiner ist es, Dinge selbst zu machen und zu pflanzen. Wie während des Lockdowns, als ich angefangen habe, Frischkäse herzustellen, der so furchtbar geschmeckt hat, dass ich ihn selbst voller Euphorie nicht runterbekommen habe.

Ich weiß, dass ein paar Gurken in meinem Wohnzimmer nicht die Welt retten und auch, dass ein paar Blumen auf der Fensterbank keinen Frieden schaffen werden. Aber in dem Moment ist das alles, was ich tun kann. Denn es hilft mir, die Hoffnung nicht

Vielleicht ist das das Allerwichtigste: etwas zu finden, das einem hilft, die Hoffnung nicht aufzugeben.

zu verlieren. Und vielleicht ist das das Allerwichtigste: etwas zu finden, das einem hilft, die Hoffnung nicht aufzugeben.

Luther soll einmal gesagt haben, wenn er wüsste, dass morgen die Welt unterginge, würde er heute noch ein Apfelbäumchen pflanzen. Was so oft zitiert wird, ist eigentlich Quatsch. Denn wer Tomaten sät und Apfelbäume pflanzt, der tut das, weil er an ein Morgen glaubt – egal, wie dunkel, kalt und kaputt die Welt heute aussieht. Egal, wie unwahrscheinlich es scheint, dass das Morgen überhaupt eintreffen wird. Wer einen Apfelbaum pflanzt, der hat die Hoffnung auf ein Morgen noch nicht aufgegeben. Und wer pflanzt und sät, will etwas dafür tun, dass dieses Morgen ein wenig grüner und lebenswerter ist.

Und deshalb pflanze ich, in diesem kalten Februar, so lange, bis unser Wohnzimmer wie eine kleine Gärtnerei aussieht und wir kaum noch Platz zum Laufen haben. Weil es hilft, etwas mit den Händen zu tun und damit der Ohnmacht in mir etwas entgegenzusetzen. Weil ich unbedingt glauben will, dass selbst aus dem Dunkel etwas Gutes wachsen kann. Weil ich Hoffnung und Güte so gerne auf meiner Fensterbank vorziehen würde wie bunte Sommerblumen. Weil ich mich mit dem, was ich bin und habe, auch wenn es noch so klein und unbedeutend scheint, der Finsternis und Kälte entgegenstellen will. Und weil ich so gerne an ein gutes Morgen glauben möchte.

Wintergemüse

Für alle die im Winter keine Gartenpause einlegen wollen, gibt es tolles Gemüse, das man sogar bis in den Winter hinein ernten kann

- Grünkohl
- Karotten
- Mangold
- Feldsalat
- Lauch
- Rosenkohl
- Spinat

DER LANGE, DUNKLE WINTER

Die Bibel ist voller Wüstengeschichten. Sie erzählt vom Volk Israel, das nach dem Auszug aus Ägypten erst mal 40 Jahre durch die Wüste irrt, von Hagar, die in die Wüste flieht, um dort zu sterben, und von Johannes der Täufer, der das Volk zur Umkehr ruft. Und natürlich von Jesus selbst, der in der Wüste versucht wird.

Die Wüste, eigentlich ist sie ein Ort voller Trostlosigkeit und Gefahr. Ein lebensfeindlicher Ort, den man meidet, so gut es nur eben geht. Unbewohnbar und gottverlassen. Ein Ort der Leere und der Ohnmacht. Und während ich diese Geschichten lese, merke ich, wie fremd mir dieser Ort ist. Die Stille und Weite, die Einsamkeit und die Bedrohung, die von diesem Ort ausgehen, kann ich hier, in unserer lauten, hektischen dauerbeleuchteten Stadt, nur erahnen. Jedenfalls auf den ersten Blick. Denn wenn ich genauer hinschaue, merke ich, dass er mir viel näher ist, als ich denke. Denn auch ich kenne eine Wüste. Sie ist kein Ort, sondern eine Zeit. Auch dort treffen sich Leere und Ohnmacht: in den langen, kalten Wintermonaten. Auch diese sind oft trostlos und voller Einsamkeit. Auch hier scheint alles tot und kahl. Und auch diese Phase kann zu einem lebensfeindlichen Ort werden.

Während die Menschen früher oft von „Wüstenzeiten“ sprachen, wenn ihr Glaube von Zweifeln durchgerüttelt wurde, nenne ich solche Phasen deshalb „den langen, dunklen Winter“. Und oft macht mir der Winter Angst, angesichts all der Dunkelheit und Kälte, die er mitbringt. Es ist eine Zeit, in der Gott unendlich weit weg scheint, mein Glaube kalt und erstarrt ist und sich meine Gebete wie Selbstgespräche anhören. In der ich mich von Gott abgeschnitten fühle und ich ihn weder hören noch erleben kann. Im Winter verzweifle ich an einzelnen Glaubensfragen, manchmal sogar am Leben selbst. Und ich frage mich, ob Gott mich vergessen hat oder warum er mir das hier alles zumutet.

Der Winter ist voller Dunkelheit. Draußen und in mir drinnen. Und einsam ist der Winter. Manchmal sogar in einem Raum voller Menschen, die mich lieben, weil ich mich so alleine fühle mit meinen Kämpfen. Im Winter suche ich nach Gott und manchmal, da fühlt es sich an, als ob er sich nicht von mir finden lässt. Ja, der Winter ist dunkel und kalt. Und oft habe ich Angst, dass ich mich darin verliere und er kein Ende nimmt. Manchmal, nein, eigentlich immer, würde ich den Winter gerne überspringen. Würde vom Herbst am liebsten in den Frühling hüpfen, von vollen Erntekörben und bunten Blättern zu Aufbruch, Neubeginn und den ersten Krokussen.

Doch während all der Wintertage lerne ich zu glauben. An einen Gott, der da ist, auch wenn ich ihn nicht spüre. Daran, dass er mir das dunkle Tal und die Kämpfe nicht erspart, aber immer an meiner Seite sein wird. Bis zum Ende und darüber hinaus. Im Winter lerne ich zu hoffen. Auf das, was ich nicht sehen und manchmal nicht einmal glauben kann. Darauf zu vertrauen, dass ich geliebt bin. Bedingungslos. Ganz besonders in den Stunden, in denen ich mich selbst nicht lieben kann. Und darauf, dass am Ende alles irgendwie gut wird. Im Winter lerne ich zu lieben. Meine Liebe zu Gott nicht von Erlebnissen, Gefühlen oder einem gelingenden Leben abhängig zu machen. Ihn nicht für das zu lieben, was er mir schenkt, sondern dafür, wer er *ist*. Dort im Winter werden Glaubens- und Lebenslügen aufgedeckt und dürfen anfangen, heil zu werden. Zweifel werden nicht länger vom vollen, bunten Leben übertönt. Wir lernen, Worte zu finden – für das, was wir manchmal so gerne verstecken würden. Dürfen Gott all unsere Wut und Traurigkeit entgegenschreien, vielleicht zum allerersten Mal. Und erleben, dass er das ziemlich gut aushält. Vielleicht merken wir sogar, dass wir in der Einsamkeit gar nicht alleine sind.

Ja, der Winter ist kalt und hart und manchmal auch ganz schön einsam. Aber dort im Winter, wo alles dunkel und tot erscheint, da ist Gott uns auf eine ganz besondere Art nahe. Wenn unser Leben durchgeschüttelt wird, wenn wir gerade keine geistlichen Höhenflüge erleben und unser Glaube zu einem winzigen Körnchen zusammenschrumpft, genau dort im Winter, mitten im Dunkeln, da dürfen wir lernen, unser Vertrauen auf den zu setzen, der uns durchs Leben und

Wo alles dunkel und tot erscheint, da ist Gott uns auf eine ganz besondere Art nahe.

durch den Winter trägt. Und manchmal, da hilft mir dabei ein kurzer Blick in die Wüstengeschichten.

Das Volk Israel, das nach dem Auszug aus Ägypten erst mal 40 Jahre durch die Wüste irrt, aber dort immer wieder Gottes Versorgung erlebt.

Hagar, die in die Wüste flieht, um dort zu sterben, und Gott selbst findet.

Johannes der Täufer, der zur Umkehr ruft und ein ganzes Volk auf das Kommen Jesu vorbereitet.

Und Jesus selbst, der in der Wüste versucht wird, aber widersteht und anschließend sein öffentliches Wirken beginnt.

Die Wüste, sie ist ein lebensbedrohlicher, einsamer Ort. Und gleichzeitig (oder vielleicht auch gerade deswegen?) ist sie auch so oft ein Ort der Gottesbegegnung. Ein Ort der Umkehr, an dem man Leben finden kann. Und vielleicht sind es die langen, kalten Herzenswinter auch. Ich mag den Winter immer noch nicht, genauso wenig wie die Dunkelheit oder die Wüstenzeiten, würde ihn auch immer noch gerne überspringen. Aber meine Angst vor ihm, die habe ich verloren.

Barbarazweig

Am 4. Dezember, dem Tag der heiligen Barbara, ist es Brauch, einen Zweig (Kirsche, Apfel oder Birne) abzuschneiden und in eine Vase zu stellen. Mit etwas Glück blüht der Zweig bis Heiligabend und erinnert an die Hoffnung mitten im Winter.

Seht die Vögel unter dem Himmel an:
Sie säen nicht, sie ernten nicht, sie sammeln nicht in die Scheunen; und euer himmlischer Vater ernährt sie doch.
Seid ihr denn nicht viel kostbarer als sie?
Wer ist aber unter euch, der seiner Länge eine Elle zusetzen könnte, wie sehr er sich auch darum sorgt?
Trachtet zuerst nach dem Reich Gottes und nach seiner Gerechtigkeit, so wird euch das alles zufallen.
Darum sorgt nicht für morgen, denn der morgige Tag wird für das Seine sorgen. Es ist genug, dass jeder Tag seine eigene Plage hat.

(Matthäus 6,26f+33f.)

SCHNEEGLÖCKCHEN

Spätestens im Februar, wenn die ersten grünen Spitzen sich durch den schneebedeckten Boden kämpfen, fangen meine Freundinnen an, mir Bilder von Schneeglöckchen zu schicken. Und während in regelmäßigen Abständen Fotos von diesen zarten weißen Blumen auf meinem Bildschirm aufploppen, mach ich mich in meiner Nachbarschaft auf Erkundungstour und halte überall nach ihnen Ausschau.

Schneeglöckchen sind eine meiner Lieblingsblumen. Nicht, weil sie so hübsch sind, sondern weil sie mir jedes Jahr aufs Neue Hoffnung schenken. Mitten im kalten, kräftezehrenden Winter. Wenn die kerzenleuchtende Adventszeit schon längst vorbei ist und der erste Schnee sich in eine graubraune, dreckige Pampe verwandelt hat, wenn ich seit Wochen durchgefroren von einer Erkältungswelle in die nächste stolpere. Wenn unsere kleine Wohnung noch ein bisschen enger wird und die Tage niemals enden wollen und sich alles in mir nach Frühling, Farben und Sonnenstunden im Garten sehnt und ich schon gar nicht mehr daran glauben kann, dass der Winter vorbeigehen wird, dann kämpfen sich die ersten zarten Schneeglöckchen durch die harte Wintererde.

Jedes Mal ist es wie ein kleines Versprechen, das mir zuflüstert: auch dieser Winter wird vergehen! Wenn ich die ersten Schneeglöckchen entdecke, dann weiß ich, dass die kalten dunklen Tage gezählt sind.

Jedes Mal ist es ein Wunder, wie in dieser Kälte etwas blühen und überleben kann. Und jedes Mal ist es wie ein kleines Versprechen, das mir zuflüstert: Auch dieser Winter wird vergehen! Auch wenn noch viele dunkle, kalte Tage vor mir liegen. Wenn ich die ersten Schneeglöckchen entdecke, dann weiß ich, dass die kalten dunklen Tage gezählt sind. Nur noch ein bisschen durchhalten, der Frühling steht kurz bevor!

Manchmal, da scheint der Winter unendlich lang. Kalte, dunkle Wochen, die sich endlos aneinanderreihen. Glaubenszweifel, die mir das Herz schwer machen, Sorgen um die Zukunft und meine Kinder, Krankheit, Schmerz, Beziehungen, die zerbrechen und so vieles, was die Tage kalt und das Herz hart werden lässt. Dann schreie ich zu Gott, dass er den Winter doch endlich vorbeigehen lässt.

Vielleicht hat er genau für solche Momente Schneeglöckchen erschaffen. Dann, wenn die Hoffnung schon längst aufgebraucht ist, aber man noch eine ziemliche Strecke vor sich hat, schickt er die Erinnerung daran, dass dieser Winter nicht für immer bleibt. Dass das Leben und der Frühling schon längst in den Startlöchern stehen. Und manchmal, da reicht schon diese kleine Erinnerung, die einem zuflüstert: Halte durch! Nur noch ein wenig!

Ach, und wie gut muss mich mein Gott kennen, dass er in dem kleinen Schulgarten um die Ecke nicht nur ein paar Schneeglöckchen, sondern ein riesiges Feld wachsen lässt. Ein Meer aus weißgrünen Hoffnungsboten, die mich jeden Morgen, wenn ich frierend durch die Kälte stapfe, anfeuern, noch ein wenig durchzuhalten, und die mir im kaltnassen Winter, mitten im Dunklen, den Frühling vor Augen malen und mir versprechen: „Keine Angst, auch dieser Winter wird vergehen!"

Winterblüher

Lust auf noch mehr Winterblüher im Garten? Nicht nur Schneeglöckchen, sondern auch Christrosen, Winterlinge, Duftschneeball, Winterjasmin, Duftheckenkirsche und Krokusse blühen im Winter.

VON LEEREN BEETEN UND DER GNADE EINES NEUBEGINNS

Noch liegt der Garten ruhig vor mir. Eine dünne Schicht Raureif lässt das Laub auf den Beeten glitzern. Kalte Luft hängt zwischen den Bäumen, braune, welke Blumenstängel stehen auf dem Staudenbeet. Und ich stehe mit matschigen Gummistiefeln und eiskalten Zehen mittendrin. Eigentlich wollte ich nur mal kurz nach dem Rechten sehen, ein paar Blätter Grünkohl ernten und mich selbst beruhigen, dass unser Garten noch steht. Denn nach einem arbeitsreichen Sommer und dem Herbst mit seiner üppigen Ernte freue ich mich jedes Jahr auf die kleine Winterpause. Doch dort zwischen den Beeten kommt es wieder: das abenteuerlustige Kribbeln im Bauch, die große Sehnsucht nach dem Frühling und die Lust, endlich wieder loszulegen. Auch wenn es noch ganz schön lange bis dahin ist und hier im Garten noch alles gefroren ist.

Bald schon geht es los: Dann werden Beete geplant und Samen vorgezogen. Die ersten Gartenkataloge flattern ins Haus und ich werde „nur ganz kurz mal reinschauen" und meine Bestellliste vollpacken – um dann hoffentlich in einem vernünftigen Moment die Hälfte davon wieder zu löschen. Aber bevor in ein paar Wochen das neue Gartenjahr startet, darf ich erst einmal träumen, von dem, was werden könnte. Ein riesiges Tomatenbeet oder lieber ein Feld voller Dahlien? Eine Himbeerhecke oder doch noch ein Hochbeet? Eine kleine wilde Ecke voller neuer Experimente oder lieber Altbewährtes? Noch sind die Beete leer, noch ist alles offen. Nichts ist festgeschrieben und alles könnte werden. Das ist der Zauber des Neubeginns, der mich jedes Jahr packt und der ganz tief in meinem Herzen verankert ist.

Denn egal, was letztes Jahr war, welche Erfolge ich gefeiert habe oder welche Dinge ich völlig an die Wand gefahren habe, ob die Ernte gut und üppig war oder die Schnecken nur einen kleinen mickrigen Rest übrig gelassen haben, der Winter und die Kälte haben alles auf Neuanfang gesetzt. Vergessen sind die Tage, an denen ich zu wenig (oder zu viel) gegossen habe, das Apfelmus, das in

meinem Keller verschimmelt ist, weil ich es falsch eingekocht habe, die vergessenen Kirschen am Baum, Samen, die ich zur falschen Zeit ausgesät und mal wieder nicht gedüngt habe. Dieses Jahr darf ich noch mal anfangen! Ich darf es erneut versuchen. Was war, spielt keine Rolle mehr. Alle Fehlschläge des letzten Jahres (und der letzten Jahre!) sind vergessen.

Manchmal würde ich mir das für mein Leben wünschen. Nochmal neu anfangen zu können. Verletzungen und Schuldgefühle nicht mit mir mitschleppen zu müssen, schlechte Gewohnheiten, die sich eingeschlichen haben, einfach ausradieren, manche Dinge aus der Vergangenheit ungeschehen machen. Sagen können: „Lass uns noch mal von vorne anfangen!“ Voller Abenteuerlust die Koffer packen und in ein neues Leben ziehen.

Die Gnade, noch mal neu beginnen zu können – dort, zwischen all den leeren Beeten, packt mich der Gedanke daran ganz neu. Und zwischen all den winterleeren Beeten schlüpft mir die Erinnerung an ein Versprechen in meinen Kopf, das Versprechen an einen Neuanfang, das nicht nur einmal im Jahr, sondern jeden einzelnen Morgen gilt:

Die Güte des HERRN hat kein Ende, sein Erbarmen hört niemals auf, *es ist jeden Morgen neu! (Klagelieder 3,22)*

Egal, was gestern war, wie sehr ich den Tag oder die letzten Wochen an die Wand gefahren und wie sehr ich auch versagt habe, Gottes Güte gilt mir heute ganz neu. Sie ist nicht kleiner geworden oder aufgebraucht. Wie die leeren Beete an diesem Wintermorgen liegt sie vor mir. Ich darf noch mal ganz neu beginnen. Mit einem völlig leeren Blatt in diesen Tag starten.

So stehe ich hier vor meinem leeren Garten, meine Füße sind mittlerweile halb taub, doch langsam kämpft sich die Sonne durch die Wolken. Und durch mein Herz, das heute noch mal ganz neu beginnen darf.

Gartentagebuch

Etwas, das ich leider viel zu spät angefangen habe, das aber unglaublich hilfreich ist, um nicht ständig die gleichen Fehler zu machen und sich all die hilfreichen Tipps zu merken, über die man so stolpert, ist ein Gartentagebuch. Hier kann man die Beete vorplanen, hilfreiche Gartentipps sammeln, die besten „aus dem Garten"-Rezepte verewigen und im Winter schon mal vom Sommer träumen.

Gott segne deinen Winter

Gott segne deinen Winter,
dann, wenn alles grau und tot aussieht,
die langen, dunklen Tage.
Er segne dich mit Geduld und
Durchhaltevermögen,
mit Langsamerwerden
und einem Herzen, das unter der dunklen,
kalten Erde weich und lebendig bleibt.
Er schenke dir kirschrote Erinnerungen
an den Sommer, den Glauben daran:
auch dieser Winter wird vergehen,
und kleine Hoffnungsboten, die dir
vom Frühling erzählen.

Nachwort

AUF DEN KNIEN

Die meiste Zeit im Garten verbringe ich auf den Knien. Und vielleicht ist das das Allerwichtigste, was mich der Garten lehrt: dass man Glauben nicht von weit weg gemütlich im Liegestuhl begreifen kann, sondern sich kopfüber in das Leben stürzen muss und dabei meistens im Dreck und auf den Knien landet. Dass man sich manchmal die Hände schmutzig macht und Blasen an den Fingern holt und Dornen einem die Arme verkratzen. Aber nur von hier unten kann man winzig kleine Samen in dunkle, regennasse Erde säen. Nur hier kann man Unkraut rausreißen, Blumenzwiebeln und Knoblauch stecken, Tomaten ausgeizen und Erdbeeren ernten.

Nur kniend kann man all die kleinen Wunder sehen, die sich versteckt zwischen all den Blättern tummeln. Und manchmal sitze ich einen winzigen Augenblick einfach still in meinem Blumenbeet. Dann höre ich das Summen der Bienen und ein Käfer krabbelt meinen Arm entlang. Ich habe vertrocknete Blüten in den Haaren, höre es brummen, rascheln und bin Teil dieses Gartens und von allem Lebendigen.

Manchmal wird man dabei dreckig. Im Nachhinein waren das immer die besten Momente. Besonders die, in denen mein Glaube dreckig geworden ist, weil er vom bequemen Schreibtisch voller theoretischer Ideen ins matschige Leben gefunden hat. Manchmal verkratzt er einem dabei die Arme, beult aus oder wird nass. Aber nur hier kann er ausgesät werden. Nur hier kann er Frucht bringen, wachsen, Blüten tragen, satt machen. Hier zeigt sich, ob er den Stürmen des Lebens standhält.

Die letzten Jahre ist mein Glaube ziemlich verschrammt und dreckig, aber eben auch demütiger geworden, weil ich dort kniend im Gartenbeet begriffen habe, dass es so vieles gibt, was ich nicht

weiß oder beeinflussen kann. Und dass es beim Glauben nicht so sehr um richtig oder falsch, sondern vor allem ums Lebendig- und in-Beziehung-Sein geht.

Vielleicht sollten wir auch im Leben ein bisschen öfter auf die Knie gehen. Um Füße zu waschen und zu beten und den Kleinsten in die Augen zu schauen. Um zu säen, zu ernten und zu staunen.

Denn dort unten, auf den Knien, genau dort werden wir nicht nur einem Leben voller Wunder begegnen, sondern auch Jesus, den Gärtner unseres Lebens, treffen.